U0023169

MINDSET

天窗出版

校園療心室

劃出未來・點燃學習

心小姐 著

目錄

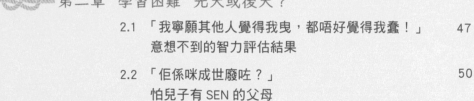

第一章　為何孩子都想聊未來？

第二章　學習困難　先天或後天？

@R#K

走入孩子角度　掌握合宜技巧

資深教育心理學家、心小姐前工作導師
李姑娘

今天，學童在不同的發展階段，可能會面對林林總總的學習上或情緒行為適應方面的挑戰，甚或障礙。及早識別他們遇到的困難和需要，繼而運用有研究實證的介入方法，協助他們克服難題，至為重要。

心小姐撰寫的《校園療心室》，透過扣人心弦的個案故事，帶出故事主人翁的需要及可行的跟進路徑，普及化了教育心理學的知識及其相關服務，啟發家長從孩子的角度，了解他們的情況和需要，促進家長發展教養孩子的正面態度和掌握更多合宜的技巧，值得閱讀。

心小姐在書中提到，每個孩子都是獨一無二的，而絕大部分的父母都愛錫自己的子女。電器的銷售會附帶說明書，生兒育女卻沒有說明書。育養子女的說明書本來就難寫，而要按孩子的成長及個人的情況定時更新這本說明書，絕對不容易。

我很欣賞心小姐的熱情及決心，運用其堅實的教育心理學專業知識，以跳脫及生動的文筆分享其專業工作的經驗，啟迪家長編寫其孩子的說明書，令家長領悟教養孩子的要訣（特別是有特殊教育需要的子女），甚至突破其盲點。

作為一名資深的教育心理學家，我誠意向大家推薦這本好書。

輕怡的教育心理學普及讀本

香港大學教育心理學碩士課程前總監
林瑞芳教授

我認識心小姐多年了。剛認識她時,她是香港大學教育心理學碩士課程的學生,年輕而充滿活力和熱情,正在接受專業培訓,準備成為一名教育心理學家,而我則是那個專業碩士課程的總監。

教育心理學家的職責,是把心理學應用在教育上,以幫助學生、教師和家長面對學與教,以至成長過程中所遇到的各種挑戰和機遇。他們的服務是多元化的,包括了:教育心理的評估與診斷;兒童、青少年及家長的輔導與介入;教師培訓;家長、教師及教育行政人員的諮商服務等。他們的工作性質涵蓋治療與預防、個案工作與系統支援、直接與間接的服務。

我很欣慰心小姐撰寫了《校園療心室》一書。這是一本輕怡的教育心理學普及讀本。

從這本書所陳述的個案,讀者可以目睹她如何運用心理學的知識和技能,向兒童和青少年提供直接的評估和輔導服務,也能窺見她如何透過支援兒童和青少年身邊的父母和教師,間接地向兒童和青少年提供協助。

其實,心小姐撰寫這本書,正好說明了教育心理學家在系統上的支援工作,即是打造良好的環境,讓孩子能在此茁壯成長。透過撰寫這本書,心小姐把教育心理學普及化。她用流暢輕鬆的筆觸,向讀者娓娓道出不同孩子的需要,以及教育心理學的應用。這樣的公眾教育讓更多家長、教師、以至社會人士能了解和接納這些孩子,讓他們的成長路更易走。

讓爸媽找到支援自己及孩子的力量

《Oh！爸媽 ohpama.com》總編輯

黃淑君

「學習障礙」近年成為了對某些孩子的標籤，然而，誰沒有遇到過學習困難或障礙呢？用對了方法、給予時間，總能找到開啟竅門的鑰匙。教育及兒童心理學家心小姐通過個案分享，真實反映孩子們的內心世界，啟發爸媽們——溝通是幫助孩子的重要橋樑，讓爸媽們找到支援自己及孩子的力量和方向。

筆下有血有肉有淚　值得家長參考

TOPick 親子教育記者
陳麗薇

不少家長都望子成龍、望女成鳳，但不是每個小孩一出世都能成為人中之龍，文武雙全樣樣皆精，家長不知不覺變成揠苗助長的「兇手」。我們一生都追求卓越，但忘記了快樂才是生存的動力，沒有一條路是成材之路，只有最適合孩子的路。

俗語說「快樂的童年治癒一生」，我們都應該讓每個小朋友有開心的童年，將自己的潛能盡情發揮，將來為社會作出貢獻。

教育及兒童心理學家心小姐《校園療心室》著作，透過一個又一個有血有肉有淚的案例，去分析兒童的心理，加上心小姐生動活潑又不失溫婉的文字，訴說出每個學童的心理狀況，父母在育兒路上遇到的問題。最值得推薦的是，心小姐提供很多有用的資訊及實用的技巧去改善孩子的問題，這本書除了是一本兒童心理學書，更是一本實用工具書，值得家長參考，沒有人天生是做父母的材料，讓我們跟孩子一步一步成長和學習，成為一對「有牌」的父母。

「專業樹洞」 寫作保持初心

關於心小姐的四個「為甚麼」

①為甚麼叫心小姐？

我幼稚園的願望是成為香港小姐，

小學的志願是成為老師，

長大後想當兒童心理學家，

最終成為香港的教育心理學家小姐，

簡稱「心小姐 Miss Heart HK」。😊

除此之外，還有兩個原因 —— 我想隱姓埋名，保留寫作及生活的自由，也更能保障自己和學生的私隱；在我小時候無微不至地照顧我、寵愛我的祖母——她名字有個「心」字，所以我也特別喜歡這個字。

我的職業及生涯規劃

②為甚麼選擇當教育及兒童心理學家？青春期的我，在選擇職業的道路上，其實遇過兩次分叉路：

我到中學才從電影裡認識心理學家（被俗稱為「心理醫生」）這個職業。根據我高中所提供的職業性向測試，我的性格、興趣和能力強項適合當心理學家、律師或外交官（香港不是一個國家，因此較少外交機會）。

心理學家和大律師——都需要透過談話去幫助有需要的人。為了在報考大學之前，找出我究竟更適合哪一份職業，我做了大量資料搜集，也嘗試了各種與這兩份職業有關的活動。

最後，經過審慎的思考，加上兩個經歷（在教育及心理學相關的暑期工中獲得純粹的快樂和滿足感；在英國法律學院的入學模擬考試中專注不了，差點睡著），我充滿信心地選擇修讀心理學的學士和碩士課程。感謝我的父母給我完全的自由和支持，讓我為自己的未來做選擇。

另一個分叉路，我留待下一本書的序再講。

③為甚麼在 2020 年底開始在網上（facebook 和 Instagram）寫作？

1. 成為教育及兒童心理學家好幾年後，我發現香港對兒童心理發展、特殊教育需要（Special Educational Needs，SEN）和情緒病的關注稍有提升。然而，在學校和社會上仍有不少人對以上題目存有誤解、偏見、忽略，甚至歧視。因此，在前線工作的我，希望能在公眾教育上盡一分力；

2. 我希望讀者（無論是家長、老師、學生，還是大眾）可以透過閱讀個案，獲得一些知識、啟發、安慰或希望；

3. 個人理由方面，我從小喜歡探究人的思維模式。隨著年歲增長，我們對世界和事物的想法會漸漸改變；

4. 我希望透過文章，保存現在還比較年輕、對工作有熱誠、對未來抱希望的我的思維。如果文章內容有時候不夠成熟或豐富，請大家多多包涵；

5. 我相信反思和自省是快樂的基石。「專業樹洞」也有感覺困擾的時候，不能老是依靠家人分擔。寫作能幫我舒緩和整理思緒，同時協助我思考改進的方向。

我珍惜每次記錄個案的機會和過程。

④為甚麼出書？出書可以算是我的夢想之一。我從中學時期便很欣賞區樂民醫生的著作，讓我知道社會上，有人會默默在工作以外寫作，不是為了名聲，只是為了讓人有些啟發，有時也可以逗人一笑。我沒想過有一天我會有機會達成這個夢想。

當出版社邀請我出書時，我真的非常興奮，又同時擔心自己能否擠出時間完成。感恩編輯們非常用心聆聽和尊重我的想法，而且與我的意向一致。

我們希望透過這系列的書籍，有系統地分享我的個案，以及教育和兒童心理的知識，協助有需要的學生度過難關，也讓一些家長及老師更準確地了解學童的需要和困難。

我想感謝的人

首先，我要感謝育成「心小姐」的人，包括我的父母、祖父母、姥姥、哥哥、兩名弟弟、另一半、貓貓，以及我所有的家人、朋友和老師。你們對我的關愛讓我也有關愛他人的力量。

我也要感謝我在工作上遇到的每一名學生、家長、工作伙伴和督導，啟發我繼續成長，成為更有能力的教育心理學家。我相信與人每一次的交流都是雙向、促進互相學習的。

我希望向兩位我非常尊敬的導師（資深教育心理學家）表示深深的謝意，他們在百忙中協助我為此書校對，並撰寫推薦序。

此外，我想感謝成就這本書的天窗出版社團隊，尤其是編輯Penny，這幾個月出心出力，與我合作無間，亦十分包容我因忙碌的工作和生活「慢工出細貨」。你對文字及心理學的熱誠深深打動我。我亦特別想向設計師Joyce致謝，我很喜歡這本書的設計和小心思。

最後，我希望感謝每一位心小姐專欄和這本書的讀者，以及轉載過我的文章、推薦過此書的人和平台。縱使寫文章的過程對我來說是開心的，我也遇過不少困難和掙扎，你們的支持和鼓勵給了我很大的動力。

感恩，

心小姐

2023 年秋

致讀者和家長

讓我猜猜你翻開這本書的原因：

1. 你對兒童／教育心理學有興趣？

2. 你想成為教育心理學家？

3. 懷疑自己或身邊的人有特殊教育需要、情緒或精神問題？

4. 你想知道怎樣幫助自己或他人？

我在網上刊登文章的時候，不時有讀者留言或私訊我以上的問題。我很想逐一回答，可是專業操守和時間均不允許。

以下是我的心底話。如果你的答案是：

1 或 2

若你希望往後投身教育或心理學的行業，我會坐在最前排歡迎你。每一分關注，每一分意識，都有助推動社會對心理問題的認知和接納，都能直接或間接影響有需要的兒童。我們的行業真的需要有心有力的人才，期待與你共同努力。

3 或 4

如果你或身邊的人過往或此刻面對困難、承受壓力、感到迷惘或無力的話，我希望你知道有人像我一樣想協助或安慰你們。作為教育心理

學家的我，只能直接支援小部分學童和他們的家庭；希望作為業餘寫作人的我，能透過記述的文字能給你和更多讀者一些方向和慰藉。

請記得再小的壓力，如果持續的話，還是會讓人透支。有需要的話，真的早點尋找專業支援。

我也知道要找一名你可以信任的人傾訴並不容易。請不要忘記這是一個匹配過程，現今多了很多免費或有資助的服務平台，堅持嘗試的話，求助的心絕對不會落空！

衷心祝你安好，身心健康：)

支援家長　更細水長流

我有信心說，絕大部分我遇過的家長均關愛他們的孩子。大家都有嘗試用自己心中最好的一套方式去養育孩子，情況卻有時未如理想，甚至適得其反。

──這其實正常不過。

你有聽過這個說法嗎：*人買電器會附帶使用說明書，生兒育女卻沒有說明書（而且不能退還）。*

更棘手是，每個孩子都是獨一無二的。很多父母想盡快吸收各方的經驗，「最有效地」支援子女發展。不少父母摸索到技巧的時候，孩子卻長大了，以往有效的方法已變得不管用。

這本說明書本來就難寫，還要定時更新！

不少人以為教育心理學家只注重直接支援學生，但其實我們工作很重要的一部分，是協助每名家長「編寫及更新所用的教養子女說明書」。

不難想像，這種間接的支援，很多時候比直接支援學生更有效，更細水長流。雖然自己的能力有限，我仍會盡能力循兩個途徑支援家長：

1. 指點迷津——解答家長的疑問及困難，提供相關的專業知識和技巧；

2. 突破盲點——找出學生未被關顧的需要，或一直被忽略的關鍵，嘗試
   扭轉局面。

常見盲點與我的信念

以下是我輔導生涯最常遇到的三個盲點，以及相對應的信念：

盲點	個案例子	我的信念
很多家長希望短期內盡量滿足子女，卻沒想過子女往後會吃苦。	寵愛年幼的孩子，甚麼都滿足他，讓孩子當刻快樂。然而，孩子不懂得和家人以外的人相處，抗逆力弱，適應不了學校及團體生活。	希望協助孩子在成長期，發展未來需要的技能，將來能獨立過自己喜歡的生活，長遠快樂。

父母只關注孩子的弱項，把時間資源都投放在該方面，務求「追回進度」。有些孩子明明某些方面有優越潛能，卻被忽略。	孩子運動才能出眾，在讀寫方面則有困難。家長安排孩子參加大量補習班，不允許孩子參加運動活動或校隊訓練，只求學科成績進步。孩子難以建立強項、自信及社交形象。	積極找出孩子的閃亮位，給予他們發展及展示的機會，同時「拔尖」和「補底」。
當孩子被發現有某些困難，家長會安排學生接受相關訓練或輔導，卻忽略了提升他們的意識和動機，以致事倍功半。	社交能力弱的孩子被安排上社交訓練，但孩子不覺得自己有問題，也不需要朋友，於是抗拒上課，故意搗亂。	先提升學生「自己想改善」的動機，再教授技巧或給予輔導，成效會高很多。

人對事物的看法有盲點很正常，我自己也有不少。若我們想正面支援孩子成長，最重要的是了解、聆聽和尊重。

希望家長能透過我的文章，收獲對你也有幫助的信念和策略，嘗試從新的角度看孩子的困難，思考何為「有效的方法」，一筆一畫，書寫你自己的「教養子女說明書」。

祝福你們一家：)

我的願望

每個學生都是獨特的，但我對所有學生都抱有同樣的兩個祝願：

1. 他們長遠地開心——未來能夠獨立過上美滿的生活；

2. 他們的潛能盡展——強項得以被發掘、培養和展示、不會被困難或弱項影響發揮。

看似簡單的目標，其實需要許多心思和支持才能實現呢！

保障學生私隱：這本書中的個案分享，取材自我在工作上遇到的真實個案。為了保障學生及其家庭的身分和私隱，同時保存案例的主題和重點，文中的個人資料和內容經過深思熟慮的改動。

第一章

為何孩子都想聊未來？

走進心小姐的輔導室⋯⋯

「你好，我是心小姐。很開心今天有機會和你們一家見面，了解你們的需要，一起協助孩子發展。請問你（孩子）和爸爸媽媽最關心以下哪些方面呀？

- 學習表現

- 社交溝通

- 注意力或行為調控

- 情緒管理

- 未來規劃

我想先聽孩子的想法，再聽父母的答案。」

⋯⋯

「你為甚麼選這些方面？」

⋯⋯

「原來如此，謝謝你的分享。沒問題，我們一起加強你這些方面的能力吧！」

以上是我平日在診所和中心見學生和家長的開場白。除非學生年齡太小，我一概會請他們回答以上的問題。就這條問題的答案，我有兩個**有趣的觀察**：

1. 很多時候子女和父母的答案不同，有些父母聽到孩子的剖白時更會流露驚訝的表情。

2. 無論是小、中、大學生，大部分都關注自己的未來規劃！當我問他們為甚麼的時候，他們都急切地表示想知道未來的路應該怎樣走，自己以後適合做甚麼職業！

你最關心的是甚麼？你猜你的兒子或女兒最關心的又是甚麼？

為何孩子都想聊未來？

「點解要努力讀書?」

標準答案竟是快樂

「為甚麼讀書?」是一條非常值得學生和家長思考的問題。像我在〈導讀〉所說,改善或進步的基本元素是「動機」和「技巧」,缺一不可。而它們出現的先後對支援的成效有莫大的影響。

若能先提升學生的學習動機,再教授讀書的技巧,效率會事半功倍。若在學生缺乏學習動機時,為他們提供額外訓練,則會變成拉牛上樹,事倍功半,甚至浪費時間資源。這道理其實能應用在學生各方面的發展上。

因此,當家長問我:「可唔可以勸我仔女努力讀書?」時,我不會直接向學生說「你要努力讀書」這句話。為甚麼?

勸學生努力讀書有用嗎？

Oscar 的爸媽剛剛也提出這個請求。Oscar 是一名有 ADHD（注意力不足/過度活躍症）的初中生，聰明卻成績欠佳，父母請我訓練他的執行能力。

第一次單獨見面時，Oscar「大字形」地坐在沙發上，滿臉不在乎。我知道我要先提升的不是他的學習技巧，而是動機。

若我想增強學生的學習動機，我不會直接勸他們努力讀書。因為我相信大家都從父母、老師、電視中聽過這句話無數遍，如果這個方法管用的話，絕大部分的學生想必在寒窗苦讀。

根據研究和親身經驗，更有效的方法是與學生探討「為甚麼要讀書？」這個問題。👀👆

想不到，Oscar 竟搶先說出我平日的開場白。他帶點不屑地問：「*其實點解我哋要讀書呢？*」

我當然先讓他分享他的想法：「*你話呢？*」

Oscar：「*令自己叻過其他人！*」🏅

我認真又好奇地問：「*哦，點解你想叻過其他人？*」

Oscar：「*想入好嘅大學囉！*」🎓

我：「*入到好嘅大學為咗乜？*」

Oscar：「*將來社會地位高，又可以賺多啲錢。*」💲

我：「*咁點解你想賺多啲錢呀？*」

Oscar 有點不耐煩，又好像有所覺悟：「*其實呢條題目係唔係有標準答案？唔好話俾我聽係開心喎……*」

我：「*可以話係，又可以話唔係！*」😊

獨特性格造就獨特答案

我解釋說每個人有獨特的性格、喜好、成長經歷、思維邏輯、價值觀和夢想，所以讀書對每個人的意義及益處都不同！

我問過不同年紀的學生「為甚麼要讀書？」，聽過各種各樣、甚至意想不到的原因，例如：

- 爸媽會開心（或不會因成績差鬧我）；

- 得到同學的認同或仰慕；

- 往後可以選擇在有冷氣的辦公室工作，不用在戶外日曬雨淋；

- 想工作賺錢買昂貴先進的打機電腦；

- 希望成為心理學家，要考入碩士課程；

- 未來有權力、受人尊重；

- 長大後可以賺錢住私家樓；

- 學好英文，之後儲錢去外國看火車博物館 。

而對於酷愛自由和怕悶的我（心小姐）來說：

- 成績好的人有更多的選擇和機會（我希望更多的是我做選擇，而不是被選擇）；

- 能在我喜歡的範疇中了解新知識及資訊，保持生活有趣、新鮮及有意義。

以上的答案告訴我們兩個重點：

-「為甚麼讀書？」的答案應該是個別化的，沒有標準答案適用在所有人身上。

- 讀書一般能協助學生得到他們嚮往的「快樂」，如未來富裕輕鬆的生活、父母朋輩的肯定、熱衷的工作及體驗等！

我請Oscar思考讀書對他有甚麼意義或好處，他說他會回家想想，下次告訴我。Oscar肯認真考慮這個問題，已經邁出重要的第一步！★

現在努力讀書是為了未來的快樂？

學習動機

燈泡

最值得討論的問題

讀書辛苦，我認同。

如果不知道讀書是為甚麼，讀書更辛苦（對學生和父母皆是）。學生學習動機低，甚至懼怕學習的原因有很多，因人而異。有些像 Oscar 般認為學習沒意義、缺乏目標或興趣，有些則是因為學習困難或課程難度不適合。

真心建議大家能抽一點時間尋找你 / 子女讀書的動力，然後衝破困難，向憧憬的「快樂」進發！🖤🤎

「為甚麼讀書？」探討步驟

- **聆聽**：尊重孩子的答案，避免質疑或評價；

- **好奇**：運用開放式的問題，以提出建議或引導孩子的思維；

- **分享**：父母可以分享自己的經歷或想法，但不宜把它們強加在孩子身上；

- **整理**：可在討論時用紙筆寫下每階段學業對子女的好處，如考專上學院 / 大學➡可以選擇更多工種➡賺錢➡去旅行⋯⋯

- **計劃**：如果子女的學習目標和動機漸見清晰，下一步是協助孩子訂立明確的學習計劃，並持續提供支援和鼓勵。

1.2

「我唔知第時做乜好…」

在職場規劃掙扎的高中生

Denise 灰心地向我訴苦:「*我已經諗咗好耐,但係諗極都諗唔到!我真係唔知第時做乜好呀!*」😭

不少中學生像 Denise 一樣,重視未來,卻沒有方法找到究竟哪條路適合自己,因而感到困擾和憂慮。

Denise 是一名在名校就讀的中五生。因為沉重的學業壓力,她在兩年前患上混合焦慮抑鬱症,使她本來已比較負面的思維雪上加霜。她本被精神科醫生轉介予我做情緒輔導,卻被我發現她最急切需要的是生涯及職業輔導。

海外升學 沒選科目標

Denise 渴望到英國升讀大學,遠離眼前的傷心地。可是,選科的問題讓她十分苦惱……😕

英國的大學聯合招生系統UCAS與香港的JUPAS不同，它鼓勵學生選定一個想修讀的學科，撰寫相關的個人陳述，然後向五所心儀的大學遞交同一學科的申請。

快到截止申請日，Denise被催促盡快決定想報讀的科目。眼見身邊的朋友開始有目標，她卻毫無頭緒，使她焦慮的情況加劇，思維亦愈來愈混亂。⚠️

Denise的情況在高中生中頗為普遍。雖然一般學校有為高中生而設的升學輔導活動，但在缺乏個別引導下，很多學生其實不知應怎樣為未來做決定。

曾有個學生就自己找不到目標，卻被要求勤力讀書的情況作比喻：「*我好似被人扔咗落海中央，好努力游，但係唔知應該游向邊個島。於是喺海入面掙扎，好劫⋯⋯*」

許多家長會直接建議，甚至要求子女選定某些職業⋯⋯其實，對學生長遠較好的答案，往往是透過審慎的探究及反思得來的。

因此，我不會直接給Denise答案，而是提供一些實證為本的思考導向和工具，協助她找到明智，又令自己信服及滿意的目標。◎

第一步　認識職業

我先問Denise兩條問題作引子：

【*世上有多少份職業？*】

Denise嘗試猜：「*呃⋯⋯二百？*」

我：「*唔同嘅界定方法會得出唔同嘅數字，但係保守計算都起碼有一千份！*」

【你現在可以數到多少份職業？】

Denise 想了想，露出帶點尷尬的苦笑，說：「*應該淨係數到四十份左右。*」😄

——曾有中學生說他只想到十多份職業（小學常識書講述過的那些🐾）……你可以想像他思考「理想職業」時的範圍有多狹窄，選錯升學方向的機會有多高。

第二步　自我了解

Denise 帶點慌張地問：「*有咁多份職業咪仲難揀！我點知邊份最啱我呀？*」😣

我以問題開展一個討論，引導她思考：「*係揀職業方面，我哋最應該考慮邊三個個人因素？*」

答案：性格、興趣、和能力！🖤💪

研究發現這些人格特點與職業類型愈匹配，個人的工作滿意程度、穩定性與成就均愈高！👍

為了協助不同人找到適合的職業，心理學家們發展了各式各樣的職業性向測試。

何倫職業代碼（Holland Code）是其中一個被廣泛使用的系統，它根據以上的因素把人和職業歸納為以下六個類型：

- 現實型 Realistic（R）——如工程師、大廚

- 研究型 Investigative（I）──如偵探、醫生

- 藝術型 Artistic（A）──如設計師、建築師

- 社交型 Social（S）──如教師、社工

- 企業型 Enterprising（E）──如老闆、政治家

- 傳統型 Conventional（C）──如會計師、網絡管理員

我請Denise填寫一份職業性向測試，她一聽到可做心理測驗便有點興奮。結果顯示她的何倫職業代碼代碼為SAE──適合社交型＞藝術型＞企業型的職業。

我們一起閱覽報告的分析，職業的建議名單中有幾個我倆都未聽過！我請Denise回家繼續搜尋有關的資料，仔細思考後，下次與我分享三份她會考慮的職業。在她這個年紀，不宜只鎖定一個目標。😀

Denise目不轉睛地閱讀報告，好像不打算離開……希望明確的思考方向能減低她的焦慮，同時讓她對規劃未來有多一點動力和盼望吧！🩶🩵

其實不止學生，很多成人都不知道自己適合甚麼職業。我早前好奇做了測試，發現我的職業性向（何倫職業代碼）在近十年從SIA變成AES！更有趣的是，SIA的建議職業包括心理學家，而AES的建議職業則包括作家……🧑‍🦱

人會變 # 更需要恆常反思
自己的未來自己規劃 # 人生最重要的問題之一

「我終於覺得自己有價值！」

讀萬卷書不如打份工？

Anthony 有輕微的自閉症。自小社交溝通能力較弱的他，以為成績好便會受同學歡迎，交到很多朋友。因此，他非常執著於要成為「學霸」，一直勤學苦練，但成績一般。

升上高中後，Anthony 在學業方面感到愈來愈吃力，壓力漸漸超出負荷，終於演化成焦慮症。當 Anthony 在課堂上有一點聽不明白老師所講時，他會把情況「災難化」。這使他經常感到絕望和恐慌，甚至連步入課室都有極大困難，於是決定休學一會兒。

執著於要成為「學霸」

診治過程中，除了 Anthony 父母、老師、學校社工、精神科醫生和我的跨專業支援外，還有一個十分具啟發性，而且有效的「治療」經驗。你猜它是甚麼？

答案：

Anthony 為了能賺錢買他喜歡的吉他，休學期間於一所小小的餐廳打工，誤打誤撞之中得到豐富的收穫！

在一個月後的輔導中，本來沉默寡言的 Anthony 帶著微笑😊，自信地告訴我：

「我終於覺得自己有價值！」

以前，Anthony 一直覺得自己在學校裡是個「透明人」，可有可無；現在，工作中的他體會到自己是被團隊珍惜的一員，不可或缺。Anthony 說每個工作時段的人手只是剛剛足夠，少一個員工都不行，他很開心自己能幫上忙。

「DSE 成績唔好原來唔使死。我嘅世界唔再只有學校！」

Anthony 發現，就算學歷不高，他可以透過一份自己喜歡的職業賺錢養活自己。同時，他看到幾名同事一邊上班，一邊進修，繼續提升自己的競爭力。這些觀察讓 Anthony 真切地明白「成績不是一切」的現實。他對學業表現那過分的執念隨之被瓦解，而他對上課的焦慮亦慢慢變淡。

「我識到朋友啦！」

這是我最替他高興的一點。自小渴望得到朋輩認同的 Anthony，在餐廳認識了一名跟他年紀相若，並能理解和接受他的同事。當 Anthony 提起這個朋友的時候，眼睛透出打從心底的喜悅😊，照入我雙眼。我想他真的等了這個朋友的出現很久了！

Anthony 提醒了我，除了教導、輔導和藥物外，學生的親身見證和體驗亦具顯著及自成一家的「療效」。正面的工作經驗不僅能讓學生對現實有更真實的了解，改善各方面的技能，亦能開闊他們的視野，避免「鑽牛角尖」。

正面工作經驗擴闊視野

經過以上所說的全方位治療後，Anthony 的情況有明顯的改善。暑假過後，他成功回校復課，同時保持在周末到餐廳打工。他在社交溝通方面的能力和信心均大大提升，情緒也比較穩定。此外，他說兼職不僅沒有延誤他的學業，還讓他做功課和溫習更有動力和效率！ Anthony 放下了要成為「學霸」的執著，讓他過多的壓力減少，反而令他的學習狀態和表現進步！💪

「讀萬卷書，不如打一份工」這句話應該可以套用在不少學生身上吧！

#體驗式學習 #勝過千言萬語

生涯規劃

燈泡

規劃人生由初小開始

若想提升自己／孩子各方面進步的動機，可以根據你／孩子的發展階段和特質，多進行以下有關生涯規劃的活動，例如：

初小

- 養成良好的個人習慣與態度
- 認識自己的長處及優點

高小

- 培養自己的興趣、能力（人際、規劃及運用時間等）
- 激發對工作世界的好奇心
- 認識不同類型工作內容
- 了解工作對個人的意義及社會的重要性
- 學習如何解決問題及做決定

初中

- 探索和了解自己的興趣、職業性向、價值觀及人格特質，以及適合發展的方向
- 認識工作世界的類型及其內涵
- 培養正確工作態度、價值觀、解決生涯問題及做決定的能力

．瞭解教育及進路選擇與工作間的關係

．發展規劃生涯的能力

＊資料來源：中華民國教育部「生涯發展教育分段能力指標對照表」

「學業唔係人生嘅全部！」

想入大學的有限智能學生

Walter 十六歲，個子很高，走路時卻垂頭駝背，而且一臉倦意。爸爸說他自小很認真讀書，每周個別補習四次，但不知怎的，他的成績在高小開始落後同儕。

Walter 說他近年專注力愈來愈差，食量亦愈來愈小，連最愛的炸雞都引不起他的食慾。爸爸憂心忡忡地表示，Walter 除了不想上學，更開始夢遊，常在三更半夜迷糊的走到客廳。☹

我想了解支援的主次，便問他們最關注哪方面。Walter 說未來，爸爸則說學習。爸爸希望我評估 Walter 有沒有 ADHD，並協助他提升學業表現……

評估前，我把握機會跟 Walter 聊兩句。他說他最喜歡運動，尤其擅長打籃球🏀，曾代表校隊比賽。可是，升上高中後，爸爸不讓他參加任

何課外活動，因為他成績太差，需要增加補習。

我問Walter：「*點解你唔想返學？*」

他沮喪的說：「*我上堂根本大部分嘢都聽唔明，尤其係啲抽象嘅科目。我到依家都搞唔掂數學分數！老師成日問問題，好似淨係得我乜都唔識，搞到我每日都好驚老師問到我，令我出醜。我最擔心嘅係DSE（香港中學文憑考試）考得低分，入唔到大學，之後唔知點算！*」😣

入大學並非唯一出路

我看了看Walter上學期的成績表，心裡倒抽一口涼氣。他主科全都不及格，術科的表現倒不錯，體育取得A-，設計與科技也有B+。

我不帶批判的問：「*點解你咁想入大學？*」

Walter愁容滿面：「*身邊個個同學都話要入大學㗎啦。我阿爸講咗好多年，想我大學同佢一樣讀經濟，之後做生意搵錢。我入唔到佢實鬧死我！*」

──我遇過很多高中生因為覺得入大學是唯一的出路而焦慮。😿

我真誠地向Walter道出現實情況：「*搵工賺錢有好多方法，唔一定要讀大學先做到。我有唔少學生同朋友讀咗大學，但係最後做嘅工作同佢哋讀嘅嘢完全無關。唔使擔心，評估之後我哋一齊諗未來嘅路！*」

Walter在評估過程中有盡力嘗試，惟在遇到難題時，明顯比一般學生表現更懊惱和缺乏信心。完結前，我請他填寫一份職業性向問卷，也聽了他對不同職業的看法。

評估的最終結果是：

Walter沒有ADHD，但智商屬「有限智能」（70-79之間；低於正常智力；高於智力障礙；一百名同齡學生中，學習能力在最弱的九名以內）。

難怪學習對他來說這麼困難，考試令他如此憂心，更引致焦慮症症狀。想著Walter默默承受厚重的期望和壓力，努力多年仍跟不上進度，讓我心頭一緊。

向父母講解評估結果

教育心理學家的一項任務——十分重要、有時頗為沉重——是向父母講解評估結果及診斷。像Walter般年紀較大的學生，我會讓他們和父母選擇是否一起聽，以助他們了解自己。

我坦誠而詳細的解釋Walter在學習上的難處和焦慮，同時對他的長處（勤奮、堅持，以及術科能力）加以肯定。

我鼓勵他們一家：「*人生有好多方面，學業固然重要，但佢唔係人生嘅全部！學習能力只係我哋其中一方面嘅能力。*

「*我哋依家要做嘅，係根據Walter嘅強項、興趣，同性格，搵一啲佢鍾意，又能夠勝任嘅工作，作為佢嘅目標。之後再按份工入行嘅要求，增強佢相關嘅能力。適合Walter嘅工其實有好多！*」

我解說Walter的職業性向屬「現實型」，最符合他的工作包括運動教練和木匠。Walter看著我猛力點頭，迸發出喜悅。接著，我倆把視線轉移至父母。

見爸爸不吭聲，媽媽把手放在爸爸的手上，微笑打破沉默：「*我都覺得呢兩份工好啱Walter。可能唔使一定讀大學，佢會無咁大壓力呢。最緊要係佢身心健康呀……*」🥰

希望之後可以與Walter朝著這些方向努力，早日讓他在適合他的環境和賽道上感受成功和滿足感。🩶

#因材施教 #行行出狀元

第二章

學習困難 先天或後天？

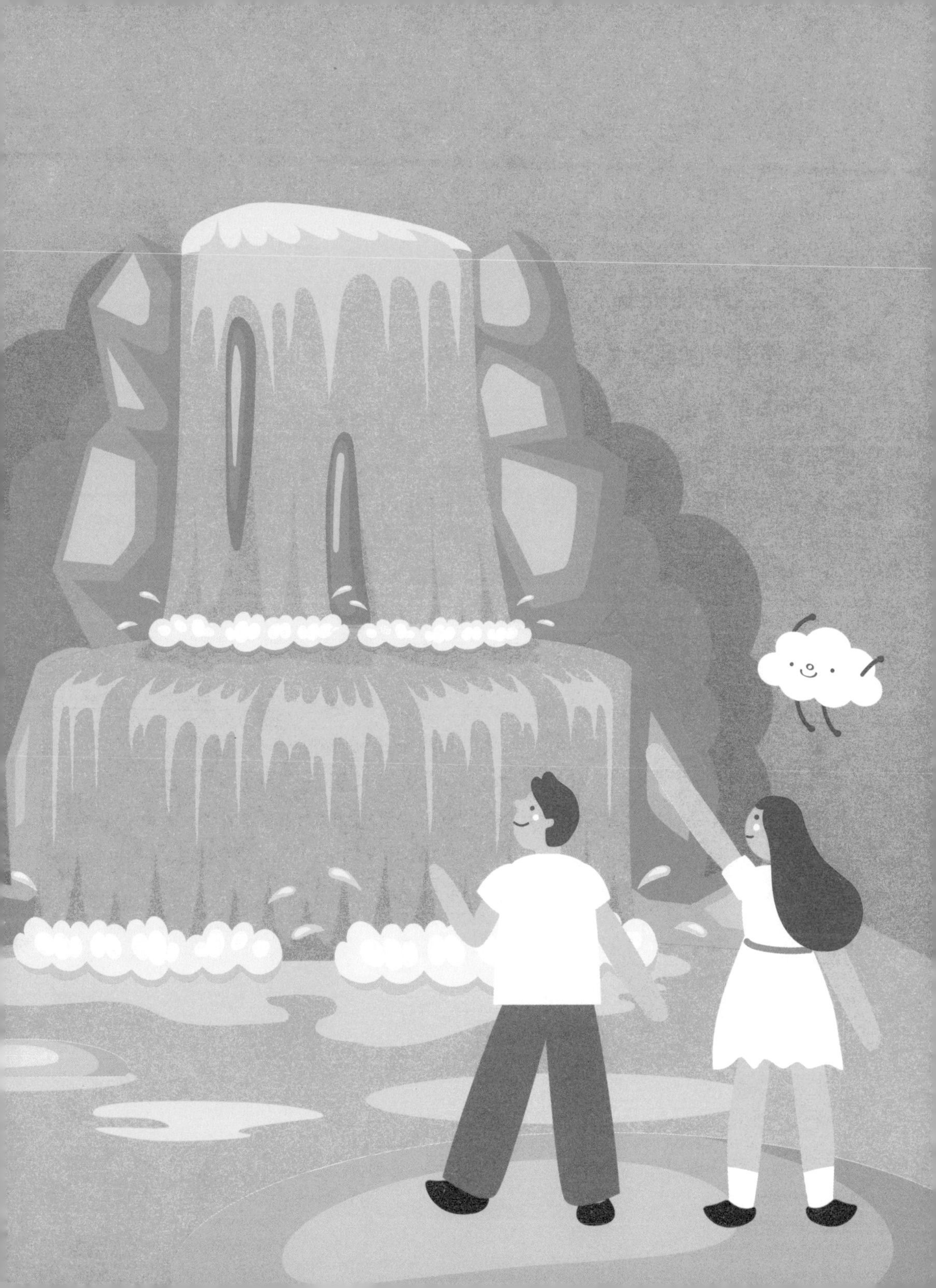

「我孩子的學習問題是先天，還是後天造成的？」

——這是一條我常被家長問的問題。

要準確解答這條問題，我需要先進行一個**教育心理評估**。

評估的作用是找出學生學習困難的成因——是遺傳或先天因素導致孩子有SEN，還是後天的家庭、教育、社交或其他因素？

我常常把評估過程比喻為「**將冰山劈開**」：

在孩子身上，我們看得見的學習、行為和情緒問題，只是冰山凸出水面的那一小塊。如果我們想有效地支援他們，我們必須先看清深植於水中、那冰山的大部分。因為是它讓冰山凸出水面，是它「引致問題」。支援的方向應該由此決定，針對性處理。此外，問題的嚴重程度也是我們評估的重點，因為它直接影響我們支援的力度和優次。

我們一起看看這章的個案是先天，還是後天的問題吧！

「我寧願其他人覺得我曳，都唔好覺得我蠢！」
意想不到的智力評估結果

一年級的 Max 生於一個破碎的家庭，自小由爺爺嫲嫲照顧。爺爺嫲嫲疼愛 Max，起居飲食方面照顧得不錯。可是，爺爺嫲嫲不會認字和寫字，所以在學習上未能支援 Max。

Max 在家裡和學校均表現出顯著的行為問題，而且抗拒學習。老師表示 Max 在課堂上的專注力非常弱，除了不時大叫大嚷，離開座位，亦未能跟隨指令和規則。

當老師指導學生完成堂課或功課時，他會發脾氣或說一些反抗性的說話，例如「呢啲練習太易啦，我係唔會做㗎！」因此，他的作業經常是空白的，成績亦相當落後。此外，Max 跟同學的關係欠佳，小息通常一個人坐在座位中。

老師們用了半年的時間，嘗試不同的方法支援 Max。他被嚴厲責備過，亦被懷柔安撫過，均不見成效。老師懷疑他的問題可能不在態度，而是能力和背景，於是轉介給我做評估和跟進。有些老師覺得 Max 的情況由家庭問題引起、有些懷疑他有注意力不足／過度活躍症、有些猜想他是資優兒童……

學校罵過亦安撫過　半年沒改善

我單獨面見 Max 時，不能相信眼前的他是老師描述的那個學生。他表現害羞，說話時結結巴巴的。在與他建立關係後的評估過程中，盡管歷時兩個多小時，他仍能全然安坐和合作。

「謎底」在評估中被逐漸解開——Max 的智力屬低弱水平。除此之外，他的適應能力（包括溝通、社交及自理能力）和語文能力亦遠遠落後同齡兒童。

評估結果為 Max 有輕度智力障礙。

我壓抑著混雜驚訝和心痛的感受，溫柔平靜地對 Max 說：「*我明白學習對你嚟講好困難。*」

他沒有看我，只點了點頭。

我輕輕問：「*你係唔係因為唔識做啲堂課，所以唔肯做？*」

他又點頭：「*我寧願其他人覺得我曳，*」然後斷斷續續地向我解釋，「*都唔想佢哋覺得我蠢！*」

過了好多年，這句話仍烙印在我的腦海。

診斷不會改變孩子

在進行評估前，老師和家長先嘗試用不同方法支援學生是好的做法。然而，若孩子在加強支援下，情況仍沒改善，便應該及時接受評估，以清楚了解孩子的能力和需要的幫助。

若一直誤解學生的情況，延遲評估，不僅有機會用錯方法支援學生，浪費時間和資源，有時更會弄巧反拙！

因此，我經常在家長和教師講座中分享 Max 的個案，提醒我們照顧孩子時，若能先了解和評估，然後「對症下藥」，一般成效會較好。

我經常對家長說，智力障礙、SEN 的確診或標籤，其實沒有改變孩子的本質。它只是一個形容孩子時需要的詞語，讓身邊的人更容易理解他們，並給予他們適當的支援。

診斷不會改變孩子，準確的評估是明燈！😳

不要只看冰山一角　# 將冰山劈開

2.2

「佢係咪成世廢咗？」
怕兒子有 SEN 的父母

Ethan 同樣是一個讓老師非常頭疼的初小學生。他在課堂上不肯跟隨指令，經常嘻皮笑臉，騷擾同學，嚴重拖延全班的學習進度。Ethan 能專注完成他喜歡的活動，而那些他不感興趣的，則會大吵大鬧，直到他被要求離開為止。

老師轉介 Ethan 予我做評估，我便先訪問他的父母，了解他的背景、發展和需要。我感到 Ethan 父母有點抗拒評估，因為當我問他們有甚麼關注時，他們欲言又止，說 Ethan 各方面都「無乜嘢」⋯⋯

談著談著，媽媽道出一句心底話：「*我好驚 Ethan 有 SEN。*」

我遇過不少家長懷疑自己的孩子有 SEN，卻不想面對。我懇切地說：「*我比較驚係小朋友有 SEN 或其他情緒行為需要，而我哋無及早發現，無俾佢需要嘅支援佢，影響佢日後嘅成長！*」

媽媽凝視著我，想了一想，彷彿心裡已有答案……

成長期支援不當　影響深遠

透過多方資料整合的評估結果為：Ethan 有自閉症。

我向 Ethan 的父母和老師詳細地分享結果，解釋他在認知能力方面的長處，以及在社交和行為方面的缺損。

我一邊講，Ethan 的媽媽沉默不語，爸爸則不斷大聲嘆氣。我嘗試鼓勵他們，說我們還算是比較早發現 Ethan 的需要，如果我們能安排有效及針對性的支援，他會有進步的…… 💪

突然，爸爸問：「Ethan 大個會點？佢會唔會好返？係咪成世都廢咗？」

我理解爸爸的擔憂，但最後一道問題真的讓我有點失望和生氣。

我嚴正地對他說：「*有SEN，包括自閉症嘅人嘅生活可以好美滿。我識有自閉症嘅學生成功讀到博士，之後仲結婚生仔；有讀寫障礙嘅學生成為醫生；有ADHD嘅學生亦做到優秀嘅專業人士同運動員。*」⭐

「*當然，有一部分有SEN嘅學生成長嘅時候無得到適切嘅確診同支援，令到之後有嚴重嘅情緒或行為問題。*」😔

「*小朋友未來嘅發展同成就，好大程度取決於父母嘅心態同教導！你哋嘅支持對Ethan嚟講係超重要！我同老師都會同你一齊努力！*」

一個星期後，媽媽告訴我她已經辭去全職工作，決定全力與我們一起支援和訓練 Ethan。🖤🩶

學校服務以外　可申付費評估

我遇過不少家長即使看到孩子有困難，卻因種種原因，抗拒他們接受評估。像我在頁四十九所說，孩子的學習問題剛出現或輕微時，是最適宜介入、支援和評估的。

在香港，大部分中小學均有校本教育心理學服務，但註冊教育心理學家同時間須支援幾所學校，一年能駐校服務每所學校二十到三十天，因此能評估和跟進的個案很有限。學生一般要有顯著的學習、行為、社交、或情緒困難，才會由學校老師或輔導人員轉介接受免費的評估。

部分有需要的學生就讀的學校沒有教育心理服務，或因困難程度相對其他同學低，以致未能在學校接受評估，因此有些家長也會向非政府或私人機構申請付費的教育心理評估。

當然，有部分家長希望盡早找出子女的強項或潛能，或找適合支援孩子發展的方法，也會請我們協助他們評估孩子。

\# 支援充足適切，SEN 學生也可以成功
\# 不要被 SEN 標籤框住

SEN 識別機制

燈泡

香港有多少名 SEN 學生？

在 2021 至 2022 學年中，香港有 67,269 名 SEN 學生。

家長和學校對 SEN 的意識和關注提高，識別機制亦愈來愈完善。在 2011 至 2012 學年起的十年以來，主流中小學中的 SEN 學生人數增加了超過一倍，佔總學生人數中的 11%！

如果懷疑孩子有 SEN，記得找教育局認可的評估人員或機構。要小心坊間不合資格，甚至騙人的評估服務！

「九大 SEN」——香港的九個特殊教育需要類別＋評估人員

特殊教育需要類別	評估機構／專家
特殊學習困難（讀寫障礙）	教育心理學家 臨床心理學家
智力障礙	教育心理學家 臨床心理學家 衞生署／醫管局兒童體能智力測驗中心
自閉症 注意力不足／過度活躍症 精神病	精神科醫生 政府醫療系統（衞生署／醫管局兒童體能智力測驗中心、學生健康服務）

SEN 識別機制

肢體傷殘	註冊醫生
視覺障礙	眼科醫生 香港盲人輔導會轄下普通眼科及低視能中心
聽力障礙	聽力學家
言語障礙	言語治療師

認可的專家：

心理學家：衛生署或香港心理學會認可的教育 / 臨床教育心理學家

精神科醫生：1. 政府－需要醫生、教育心理學家或臨床心理學家的
　　　　　　　　初步評估及轉介信才能輪候服務

　　　　　　2. 私人－無須轉介

資料來源：教育局全校參與模式──融合教育運作指南

「我打機直播先感覺存在！」

助網絡沉溺的學生戒癮

Esther 表面上符合大眾「正常學生」的標準，行為操行良好，學業成績一般。故此，當她因為打機過度被送進醫院時，老師和學校社工均驚訝不已。😥

家嘈屋閉　通宵打機

Esther 住院兩晚後，醫生說可以回家，恢復正常生活。輔導老師諮詢我該怎樣支援她，便安排我們見一次面，終於揭開她網絡成癮背後的故事。

Esther 是一個愛唱歌的女生。她父母之間的關係破裂，整天在家吵架。學習方面，她從小學成績相對好的一群，跌至 Band 1 中學的中下游，讓她感到壓力和挫敗。她不善主動結識朋友，覺得自己是班中的「透明人」……

Esther 發現在網絡世界中，她較易獲得成就及認同感，漸漸沉醉於關於音樂的手機遊戲，也在網上透過虛擬動漫角色直播唱歌。有一次，她連續兩晚通宵打機和直播後，在上學途中突然昏倒在街上，撞傷頭部……

我深深記得Esther那段不諱言，又帶點無奈的剖白：「*我係網上先識到朋友嘅人……我阿爸阿媽嗌交嘅時候，我要用手機，帶住耳機先會覺得平靜。我打機直播嘅時候，先會覺得自己存在同有價值……*」😔

我瞬間感受到 Esther 在現實生活中的無力感，以及她對網絡世界的依賴。這也讓我思考她的抑鬱症究竟是在沉迷網絡世界之前，還是之後出現。

為了逃避現實中的挫敗與痛苦，Esther 投身網絡世界，獲得她期盼已久的成功感，亦找到遭遇相似的同伴，他們的接納和認同彌補了她心靈上的缺口。在自控能力稍弱的情況下，她漸漸深陷在網絡世界中，與它密不可切，甚至出現身不由己的狀況。

我遇過大部分沉迷上網的學生，背後都有他們的困難和苦衷。💬

戒癮三概念、三方法

我當時給予 Esther 的家長、老師和社工幾個支援她的方向——分別是以下三個概念和三個方法。

如果想有較佳的成果，我建議先消化概念，再嘗試運用方法作出改變：

【概念】

①非一刀切，適度使用

網絡是把雙刃劍——運用太少不利學習，使用太多則有害。我們的目

標並非「不上網／不打機／不識網友」，而是「有智慧和控制地適度使用網絡，從中獲得最大的好處」，最終成為「網絡贏家」；

②檢視自我，客觀分析

網絡遊戲和社交媒體那麼吸引，是因為設計師精心設下心理元素和圈套，讓人完全享受或專注在內，以致難以自拔！🎮

克服每一關的成就感、創造角色版面的自主感、被關注喜愛的社交認同、讓人興奮的視聽愉悅、脫離苦悶現實的空間，每一環皆引人沉迷。

誰最容易墮入這個圈套？個人（如專注、自控、社交、溝通、解難、情緒管理能力）或生活環境因素欠佳，以及渴望自我和朋輩認同的青年人均比較高危。

③查閱實證，拒絕被誘

大家都聽過網絡成癮的負面影響，包括身體、學業、情緒、社交、家庭、甚至經濟——不妨認真一起討論或閱讀有關資料。你知道研究發現青少年在社群媒體上花的時間愈多，愈會出現憂鬱和焦慮症狀嗎？

{方法}

①了解現況，訂定目標🕐

檢視自己現時使用電子產品的情況，尤其是用量和時間，然後設定分階段的目標。針對手機使用，我極力建議大家開啟「熒幕使用時間」功能，看看自己整體及使用不同應用程式的時間（我一開始也被自己每天的用量嚇到），再考慮是否要加入時間限制。

②對症下藥，強化自己

針對成因，選擇相應的支援或措施，例如：

注意力弱 → 關閉通知功能，開啟飛行模式

自制力弱 → 刪除遊戲／應用程式、設「無手機日」

社交欠佳 → 提升社交溝通技巧，參加團體活動

家庭問題 → 父母帶領解決，接受家庭輔導

缺乏自信 → 增加自主空間、尋找其他興趣、安排能發揮強項的機會……

③持之以恆，尋求協助

心理學家發現，要養成一個習慣，需要二十一次的重複練習，所以千萬不要因為方法在短時間內不奏效而放棄！然而，如果努力試過各種方法，情況仍沒改善，便應尋求專業支援。要知道「電玩成癮症」在 2018 年已經正式成為精神疾病，而香港也成立了不少網絡沉溺輔導中心和服務。

讓現實生活更豐富

想想為甚麼孩子（成人也是）這麼喜歡網上遊戲。長遠來說，預防孩子沉迷網絡世界最好的方法是改善他們的真實世界。若他們的現實生活充滿有趣的事物，富自主度和成功感，孩子自然會慢慢步出這精心設計的電子陷阱。

像 Esther 的個案，最後讓她慢慢從網絡世界抽身的，是學校的社交支援、合唱團活動，以及家庭輔導。希望以上的建議可以幫助更多像 Esther 的學生，也能提醒我們或子女善用網絡，避免沉迷。

現實生活愈充實美滿，愈能抵抗網絡的誘惑？

電玩成癮症

燈泡

我或孩子有電玩成癮症嗎？

電玩成癮症（Gaming disorder）的主要症狀為持續的電玩行為（網上或離線），以及以下三項：

o 對電玩的節制力明顯缺損

o 電玩成為生活中最優先的順序，超越了其他的興趣與日常活動

o 就算電玩引致負面的後果（如家庭關係、學習成績、健康變差），仍持續或甚至更沉迷

若以上情況持續或反覆在**十二**個月出現，導致個人、家庭、社交、教育、職業、或其他重要的功能有明顯的缺損，便有機會被確診為電玩成癮症的患者。

資料來源：2018 年世界衛生組織出版的第 11 版國際疾病診斷分類（ICD-11）

2.4

減少打機時間四式
想要Bitcoin的男孩

像Esther般沉迷電玩比較久、問題程度比較嚴重的學生,需要不少外在支援才能慢慢解開困難。而問題程度相對輕微,或在問題出現初期已著手處理的個案,則相對容易介入和改善。若學生的能力和狀況允許,我會引導他們自發改變,自己支援自己。

就讀高小的Roger,在疫情前只會在周末玩電腦,平日能專注於學習和參與課外活動。自新冠疫情爆發後,他被困在家,十分苦悶。此外,由於Roger需要在網上上課和做功課,媽媽迫不得已讓他於平日使用電腦。媽媽亦因工作關係,難於規管Roger使用電腦的情況⋯⋯

幾個因素加起來,讓Roger打機的情況一發不可收拾——現時他每天玩電腦的時間達八小時!媽媽希望我可以協助Roger把打機時間減少至每天二至三小時。

60

開放討論　一起訂計劃

於是，我與 Roger 展開一場開放式討論，在過程中為他量身訂做了一個「減少打機時間計劃」：

一、定目標：首先，我問 Roger 是否認同媽媽建議的目標，因為如果孩子不認同目標，他們的投入和合作度會較低，不利商討過程和結果。

Roger 說如果疫情緩和，課外活動恢復的話，媽媽的目標很合理。可是，如果現在要他一下子大幅減少打機時間，他會有點困難，因為在家真的沒事幹。我覺得他的話不無道理，於是我們把媽媽的目標定為「終極目標」，然後加了一個「中期目標」──兩星期內先把平均打機時間降至每天五小時。

二、提升內在動機：為了讓 Roger 有動力改變他的打機行為，我引導他思考「為甚麼」以及「對他有甚麼好處」。很多時候孩子覺得重要的原因和大人不同，所以我們應先聆聽。

果然，Roger 想到的原因頗有趣（排名由他覺得最重要開始）：保護眼睛＞可以閱讀更多書＞媽媽開心＞Roger 開心。

三、想辦法 + 教技巧：相比「叫」孩子改變，「教」子女如何改變更重要。由於人往往覺得自己想出來的點子最有效、最值得信服，我便考一考 Roger，問：「有咩方法可以減少打機啊？」

Roger 沒有讓我失望，他建議：

- 在 Discord（Roger 常用 / 流行的聊天軟件）設定時間提示；

- 如果他打機超時，希望媽媽可以平靜地提醒他；

- 愛閱讀的他想多買或借一些有趣的書籍，以閱讀取代打機；

- 搜羅益智的桌上遊戲，每天定時與父母玩一局。

四、提供外在動機：畢竟 Roger 是個十歲的孩子，而且有 SEN，光憑他的意志未必足夠支撐計劃。因此，我提出訂立獎勵機制。

我問：「*你最想要咩獎勵呀？*」

Roger 想也不想，笑著說：「*Bitcoin！*」（現時價值二十萬港幣的虛擬貨幣！）

我啼笑皆非。😄

Roger 接著說：「*如果媽媽可以俾一個Bitcoin我，我即刻以後唔打機！*」

看到人小鬼大的他，我忍不住笑了出來，同時感嘆外在動機的魔力強大。我嘗試把 Roger 拉回現實，問：「*Bitcoin好貴呀，有沒有第二選擇呀？*」

他想了想，認真地說：「*毛公仔！*」

孩子的心思還真是難猜呀！😆

孩子意志較弱　設定獎勵機制

過程中，我和 Roger 一邊傾談，一直把點子有系統地寫在紙上。討論完畢後，我們手中的白紙已變成「Roger 減少打機計劃合約」。

我請 Roger 向媽媽解說整個計劃。除了讓他的記憶更深刻、提高他的自主性，也讓我知道他是否真的了解內容。有需要時，我會加以補充。

媽媽聆聽時一直笑著點頭，她很驚訝 Roger 能想出這些好的點子。我提醒他們回家後把「合約」張貼在當眼處，每天重溫一次。最後，我們三個都在合約上簽了名，約定兩個星期後一起檢討進度。

第二章 學習困難 先天或後天？

Roger和媽媽興奮地離開我的房間，說要立刻去搜羅書籍和桌遊。真期待下次面見，看看Roger的進步。

改善孩子問題的責任誰屬

有些家長把改善孩子問題的責任放在老師，或是專業人員身上。

「請你幫我教好我嘅仔女！」、「你唔需要同我傾，係我嘅小朋友有問題，你同佢傾就得啦。」曾有家長這樣對我說，有些甚至除了帶子女來見我第一次之後，就沒出現過。

若想有效提升孩子的學習表現，或改變不良的習慣，家長支持和輔助的角色極為重要！

步驟：

☐ 定目標

☐ 提升內在動機

☐ 想辦法 + 教技巧 + 建立好行為 / 習慣

☐ 提供外在動機

過程中，家長宜聆聽和信任孩子，引導他們思考，避免把自己的想法強加在孩子身上。在指導的同時，以身作則，給予空間和時間，既讓孩子改善，也讓自己調整支援的做法。

#努力背後要有動力
#不要小看孩子的創意及思考能力

第三章

智力高低　怎樣引導？

智力，是一個人綜合理解事物和運用知識解決問題的能力：推理、抽象思維、計劃、表達意念、語言，以及學習等。

如何觀察和了解孩子的智力？

一般來說，孩子的智力在嬰幼兒時期（五歲或以前）已有跡可尋。

我們可以透過觀察他們的認知和語言能力發展的里程，看看是否符合、超越、或落後他們的年齡階段。例如，快兩歲大的孩子應該開始把物件按形狀及大小分類；快六歲的孩子一般懂得十以內的簡單加減運算，並能說出最少十種顏色。

衛生署網站有嬰幼兒完整的生長和發展資訊，以及促進孩子發展的方法！家長們可以定時參考，了解孩子相對強和弱的方面，並加以培養和支援。若孩子有發展遲緩或SEN的表徵，家長便應盡早向母嬰健康院、家庭／兒科醫生或有關醫護人員查詢，尋求適當的訓練，協助孩子在訓練黃

金期（六歲以前）發揮最大潛能。

中小學生應該做智力評估嗎？

若我們有仔細觀察或反思，長幼間平日生活和學習上的經歷，一般已經能給我們足夠提示，去估計自己或子女的能力水平和強弱項。

然而，若你或孩子在學習上有異於常人的情況，或對自己的能力不了解或沒信心，智力評估或許能助你了解個人的學習需要，以及能讓你移除障礙，展現更多潛能的方法。

在這章裡，我們一起探討四名智力超出正常範圍的學生的學習需要吧！

3.1

「評估報告寫得輕手啲？」
不願子女讀特殊學校的父母

Quinton 是一名早產兒，現時六歲。他在兩歲時因各方面的發展均較同齡孩子慢，被兒科醫生評為「整體發展遲緩」，其後一直在特殊幼兒中心上課，恆常接受言語、職業及物理治療。

轉眼已是申請入讀小學的秋天，老師建議 Quinton 申請特殊學校。他的父母希望我能為他作詳細的評估，包括智力測試（一般在孩子六歲後比較準確），以協助他們選校。

發展遲緩　做評估助選校

本來我想和父母單獨對談，但 Quinton 不肯離開，我們唯有讓他坐在父母旁邊。他乖乖的聽著爸媽訴說他的情況……

在父母、老師及治療師們的悉心訓練下，聽話的 Quinton 在這三年的進步顯著。從完全不講話，到現在能用短句表達他的訴求；從手腳不協調，到能跑能跳。他記得大部分數字和字母，也能認讀一些詞語。

然而，Quinton 未能與人交談，跟隨言語指令的能力亦較弱。爸媽也留意到他不理解大部分詞語的意思。整體來說，他在學習、社交溝通、行為控制和自理能力方面仍大幅落後同齡學生。

我心知他很有可能有智力障礙。

聽得出這對父母期盼 Quinton 追到同齡學生的水平。他們坦言在督導他溫習時，如果 Quinton 忘記已學過的東西，他們會很失望，有時忍不住斥責他，有時媽媽和 Quinton 一起哭。😢

不知道 Quinton 是稍微聽懂父母的話語，還是感受到他們的情緒，他低下頭，一臉失落。我不禁插口：「*我相信Quinton已經盡咗力！但係有時唔係佢想學，就會即刻學到記到，希望爸爸媽媽明白。*」

到訪問的尾聲，我問 Quinton 父母有沒有關於評估的疑問。

爸爸傾前身體，些微尷尬地問：「*請問你寫評估報告嗰時可唔可以輕手啲？我哋其實想佢讀主流學校⋯⋯*」🙏

我聽到之後沒有憤怒或失望，因為我知道當智障孩子的父母真的不容易——他們希望子女可以過「正常」的生活、讀「正常」的學校。

不過，如果這些家長知道智障生分別在主流和特殊學校的待遇，可能會換個想法⋯⋯

智障生就讀主流校？

我一開始服務主流小學時，對大部分學校都有幾名，甚至更多的智障學生的情況感到驚訝。後來，我了解到他們的父母擔心特殊學校的標籤及歧視，或認為主流學校會讓子女學得更多。

——事實卻往往相反！

雖然香港有融合教育政策，但智障學生在一般主流學校得到的學習支援仍很有限。由於課程對他們來說太難，他們大多會跟不上，漸漸感到挫敗和沒動力，甚至整天只在課室呆坐。☹

此外，智障學生也較容易被同輩排斥和欺凌，大大影響他們的社交和情緒發展。

在香港，獲轉介入讀特殊學校的學童一般有嚴重障礙、殘疾、或情緒及行為問題，而其他有 SEN 的學童則會入讀普通學校。特殊學校中，佔最多的是智障兒童學校，共四十三間，照顧輕度、中度、及嚴重智力障礙的學生。

智障兒童學校著重學習上的調適，在小班以及加強教育支援下，智障學生更能吸收知識，而自信和社交發展亦較佳。（我見證一名初小學生轉到特殊學校後表現突飛猛進——他在三個月內學到的中文詞語，比他在主流學校學了兩年的多！）⭐

更重要的是，特殊學校能提供更多免費的校本專業治療服務，亦著力培養學生的自理、生活及工作技能（如社交溝通、購物、坐交通工具等），以準備他們日後獨立生活。

選校選「最適合的」

我的思緒回到眼前的 Quinton 爸爸，便回答他：

第一，對於學生應否就讀特殊學校，教育心理學家會評估學生的智力及適應能力，然後根據教育局的指引作出慎重的建議。**評估必須準確，不能「輕手」**，否則不但不符合專業守則，也幫不了學生尋求他們需要的支援。

第二，我們在選擇學校時，考慮的重點不是該校是否主流或特殊，而是就子女的需要，哪所學校能提供最有效的課程和支援，讓子女能愉快學習，並盡展潛能！💪😊

聽畢，Quinton 的父母面面相覷，若有所思。

希望他們能消化我的分享，讓我們下次見面時，能一起按 Quinton 的評估結果，配對一所最適合他，最有助他發展的學校。

希望香港的主流學校有一天能做到真正的融合教育

燈泡

如果孩子有 SEN，便要讀特殊學校？

在香港，不是所有有 SEN 的學生都要讀特殊學校的。大部分 SEN 生可以在主流學校的加強支援下有效學習。特殊學校是為身體有殘疾，或有顯著學習、行為和情緒問題的學生而設。在 2021 至 2022 學年，有 8,379 名學生就讀本地特殊中小學。

入讀特殊學校與否，是完全由父母決定的。我建議他們按評估結果和教育／臨床心理學家的建議，為孩子配對最適合的學校，例如中度智障便就讀為中度智障學生而設的學校。

＊資料來源：立法會秘書處資料研究組 2022 年

3.2

「報告請你有幾醜寫幾醜!」
態度 180 度轉變的爸媽

Boris 的父母表示,幼稚園老師於兩年前留意到 Boris 的學習能力落後同齡學生。這兩年間,爸爸媽媽覺得 Boris 有一天會開竅,便拒絕讓他接受評估或訓練。

升上一年級後,Boris 的學習情況愈來愈弱,但父母仍覺得他年紀小,不以為然,沒有多想。直至新冠疫情期間,媽媽在家教 Boris 做功課,才恍然發現他的情況比想像中糟糕得多,連寫自己的名字都有困難,於是帶他來做評估。

Boris 在智力評估中的表現很弱。在未計分前,我已猜到他的智力會跌出正常範圍。最終結果顯示他為「有限智能」的學生,智力介乎中下和智障水平之間。

完成評估後,我把握機會和 Boris 父母聊了幾句,希望給他們一些心理準備。💪

幼稚園早有端倪　至小一才正視

我說：「根據初步觀察，Boris嘅學習能力應該比較弱，請唔好介意評估結果有機會出現一啲標籤。我會盡力喺報告入面解釋Boris嘅強弱項同需要，以及你哋同學校可以有效支援佢嘅方法。」😊

母親帶點後悔的語氣說：「我哋兩年前真係應該正視問題，真係希望我哋早啲開始幫助同訓練佢！」

父親表現懇切：「心小姐，報告請你有幾醜寫幾醜！」

他看似說笑，但其實認真的說：「評估報告唔需要選美。我哋依家淨係希望學校清楚了解Boris嘅真實狀況，盡快俾佢最多嘅支援同訓練！」

我笑了笑，也鬆了一口氣，為這對父母終於意識到**及早識別和支援的重要性**而感恩。

我相信他們對評估的態度轉變是 Boris 發展上的一個轉捩點。

早評估 # 早支援 # 早進步
視而不見 # 可以造成傷害

智力測試

燈泡

坊間評估或沒教育局認可

像我在頁五十三提及，市面上的智力評估素質參差，要小心選擇！有些商業機構會以資優評估，或提升孩子的智力作招徠，吸引家長付昂貴的費用參與，卻提供不受認可的智力測試。

香港教育局及考評局認可的智力評估工具為**韋氏兒童智力量表**，其中有香港常模（「常模」是教育界術語，透過進行一個樣本測驗，得到具有代表性的各年齡層表現，以供比較與參考），採取廣東話的為以下兩套工具：

・韋氏幼兒智力量表 —— 第四版（香港版）[WISC-IV (HK)]
　　　　　　　　　　　－四歲至六歲兒童

・韋氏兒童智力量表 —— 第四版（香港版）[WPPSI-IV (HK)]
　　　　　　　　　　　－六歲至十六歲兒童

如果孩子的主要語言為英語，則一般使用英國或美國版的量表，用該國的常模做比較。

智力測試

燈泡

智力測試的分數和水平

<u>測試分數</u>→水平（Classifications）

・130 分或以上→特優（Very Superior）

・120-129 分→優異（Superior）

・110-119 分→中上（High Average）

・90-109 分→中等（Average）

・80-89 分→中下（Low Average）

・70-79 分→有限（Borderline）

・69 分或以下→低弱（Extremely Low）

＊一般若兒童的智力為低弱水平，溝通、社交、自理等適應能力亦因
　而受到限制，便會被診斷為有智力障礙。

＊若兒童的智力為特優水平，則符合智力上資優的準則。

3.3

「我想上堂學複雜啲嘅嘢！」
像有 ADHD 的資優生

Clara 六歲，剛升上小一。老師說她上課經常發夢，把玩自己的文具，整體表現散漫。雖然 Clara 抗拒做堂課和功課，但她的測考成績不錯。Clara 爸媽希望我評估她是否有 ADHD。

我問 Clara 喜不喜歡上學。她打量了我一下，帶點鬼祟地說：「*你唔好話俾老師知，我唔係幾鍾意返學！*」

我：「*點解呀？*」

Clara：「*學校教嘅嘢太簡單、好無聊。*」☺

我：「*噢！學校教嘅嘢你識晒？*」

Clara：「*係呀。*」

上堂發夢　卻愛爸爸的數學堂

我嘗試從她的興趣入手:「有無邊科你比較鍾意?」

Clara 思索一會後說:「我鍾意屋企嘅數學堂!爸爸平時會教我背乘數表同計小數,仲有 algebra(代數,一般六年級才學)!」

我嚇了一跳,決定出幾條題目查探虛實……誰知 Clara 真的能答對!😳

教育心理學家在評估懷疑 ADHD 的個案時,通常會包括智力測驗,以排除因學習能力影響注意力的情況。

這次評估有個有趣的觀察:一般小孩比較喜歡回答容易的問題。當題目的難度提升時,他們解題的動機有時候會下降。🙄

而 Clara 剛剛相反,當問題簡單時她表現極為多動和不專心。當筆下是困難的題目時,卻能安坐並保持高度集中,用心自行答題。🧐

不出所料,Clara 的智商超過 130,屬資優水平;她的注意力稍弱,但未至於確診 ADHD。

我向 Clara 解釋我是一名兒童心理學家,專門替小朋友向老師和家長提出心願。我問 Clara 希望學校有甚麼改變,她毫不猶豫地說:「我想學複雜啲嘅嘢!我想上堂學 algebra!」😄

我:「無問題,我會請老師上堂嗰陣俾複雜啲嘅嘢你做。咁功課需唔需要難啲呀?」

Clara 誤以為我要額外給她功課,連忙搖頭。我靈機一觸,重新組織問題:「不如我請老師用難啲嘅功課取代依家太淺嘅功課,好唔好?」

第三章 智力高低 怎樣引導?

Clara 爽快地答：「*OK！*」👌

資優生欠展現能力的環境

有研究發現，50% 的資優生未能在學校展現他們的能力——Clara 便是其中一個。一般的課程對她來說太淺易，不夠挑戰性，使她的學習動機和專注力薄弱！😟

幸好能在小學初期識別 Clara 的需要，讓我與家長和老師及早安排有效支援她的方法，包括課程及功課調適、針對她強弱項的培訓、個別輔導等。

要知道若資優生的需要未被關顧，不僅會影響學習表現，更有機會導致行為或情緒問題。有研究顯示約 18 至 25% 輟學的中學生是資優生！我自己也親身遇過好幾個類似的個案……😩

臨走前，我問 Clara 有沒有任何問題。她認真地問我：「*大學有無教 algebra？*」

這大概是 Clara 認知範圍內最深的課題吧！我忍不住笑了出來：「*大學教嘅嘢仲難過 algebra 呀！希望你有一日都可以入到大學，學到好複雜嘅嘢！*」😊🩶

資優生也需要特別的教育支援

資優潛能

燈泡

資優也是特殊需要？

資優並未被教育局納入學校需重點支援的九大 SEN。可是，要是你問我的話，我覺得資優實在應該被包括其中。像 Clara 的個案，若不及早識別和支援的話，資優特質也可以為孩子造成不少困難，甚至影響他們的整體發展⋯⋯

大眾說起「資優」，一般是指智力上的資優，但這只是多元智能定義中的其中一個方面。

在香港，若學生在以下一方面或多方面有突出的成就或潛能，都可被界定為擁有資優的潛能 *：

1. 智力經測定屬高水平；

2. 在某一學科有特強的資質；

3. 有獨創性思考──能夠提出很多創新而精闢詳盡的意見；

4. 在繪畫、戲劇、舞蹈、音樂等視覺及表演藝術方面極有天分；

5. 有領導同輩的天賦才能──在推動他人完成共同目標方面有極高的能力；

6. 心理活動能力──有卓越的表現，或在競技、機械技能或體能的協調方面均有突出的天分。

* 資料來源：〈香港教育統籌委員會第四號報告書〉，1990

每個孩子都是獨一無二，擁有個人強弱項，甚至各種資優特質的（如藝術、肢體協調、領導、創造能力等）！🍪🥟🎭🎻

父母及教育者的重要角色是先「知優」——及早發掘孩子的天賦和需要，後「支優」——按他們的個人特質，給予他們能充分發揮潛能的機會和環境！

盼望我們對每個孩子均能做到「知優」和「支優」吧！🩶

每個孩子都有個人資優特質

「資優就應該跳級？」
情商與智商不符的天才

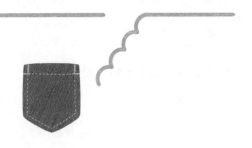

九歲的 Toby 學業成績超卓，在班級裡名列前茅。經我評估後發現他的智力屬資優水平。爸媽和老師聽罷，第一時間問我：「*Toby 係唔係應該跳級？*」

要回答這條問題，我不僅要看 Toby 的學習表現，還需要檢視他各方面的發展。要知道，其中一個資優學生常遇到的困難是他們的智力、生理、社交和情感發展步伐不一致。

Toby 正正就是這樣——他有著九歲的身軀，十四歲的腦袋，但只有六歲左右的社交心智！

和不少資優學生一樣，Toby 屬於對自我要求極高的完美主義者，情緒波動亦較大。他經常會因為功課及測考拿不到滿分而生氣和懊惱。在最近的考試季節，Toby 非常緊張，每天如坐針氈，常常向身邊的人大發脾氣。爸媽軟硬兼施地勸他放下執著，還是無果。

社交上，Toby 不太會與同齡學生相處。雖然 Toby 渴望建立自己的社交圈子，惟他不善調節自己的言語及行為，往往不自覺地表現自大和驕傲。此外，Toby 瞧不起同學的學習能力，不時取笑別人「低 B」，日積月累，終被朋輩孤立。

跳級恐損情意發展

我告訴 Toby 的爸媽和老師，「跳級」後的課程可能較符合 Toby 的學習進度。然而，「跳級」亦有機會令他和朋輩之間情感發展的差距再擴大，使他的社交和情緒問題惡化。

我建議老師和家長協助 Toby 繼續發展個人的強項，同時盡力提升相對的弱項。

為了促進學習，老師宜在課堂內外安排教學方面的調適，如給予 Toby 較有挑戰性的題目、開放式的專題研習等。除此之外，社工和家長需重點訓練 Toby 的社交及情緒調控技巧，盡可能移除這些有機會阻礙他發揮潛能的因素。當他的情意發展成熟一點時，我們也可以考慮「跳級」。😌

全盤觀察　發掘多元智能

生活在競爭激烈環境的都市人，自然會比較在意學歷，因為它是某些業務能力的象徵，亦是一份對未來的保障。因此，大部分家長重視孩子的智力，以及增進他們的學業表現，是合理的。可是，**過分或盲目追求成績會適得其反，不但會為學生造成壓力，還有機會阻礙他們整體和其他方面的發展，甚至埋沒他們獨有的天賦。**

若師長能後退一步，留意孩子全面的發展，其實更能幫助孩子在朋輩中站穩腳跟，乃至出人頭地。

其中兩個方面非常值得關注：

一、孩子資優特質的分布：我們可以根據「多元智能」定義（頁八〇「資優潛能燈泡」中講述），擴闊思維、識別孩子的潛能，並加以培訓，讓它們成為孩子的才能。優異的資賦也需要有系統的學習過程，才能展示出來。例如孩子可能學習能力一般，但在藝術方面很有天分，便可以按此分配孩子課後活動的時間，讓他們充分發揮所長。

二、孩子各方面發展的情況：像 Toby 的個案，我們在支援他時，不宜只考慮他的學習能力，而是他各方面的發展需要。若只按智力作跳級的安排，有機會導致社交和情緒問題。若我們能全盤觀察，便能更有效的提升他們整體及各方面的能力。

資優生的發展

資優特質具「兩面性」

一般資優生在認知及情意行為的發展上有別於朋輩。這些特質會引起正面還是負面行為，取決於父母與老師、教導與支援。

正面行為	常見的資優生特質	負面行為
有主見	見解獨特	不守規矩
靈活變通	富有創意	不合群
反應快	思路敏捷	不耐煩 / 怕悶
關心別人或社會	情感豐富	情緒化 / 多愁善感
具好奇心 / 喜歡學習	愛尋根究柢	挑戰權威
富正義感	重視公平	憤世嫉俗
能推動自己達成目標	完美主義	對自己有過高要求 / 壓力過大

資料來源：《全校參與模式融合教育運作指南》，教育局編製，2019 年

強弱項互相屏蔽

我曾遇過有讀寫障礙的資優生成績不算好，亦不算太差。他在小學六年級時因為行為及情緒問題才被老師轉介給我做評估，終於發現他具備極端的強弱項。那時候的他對學習已失去興趣，更說得上是厭惡，與家長及老師的關係亦因不了解而僵化。

有些學生有特優智能，同時有一種或多種 SEN，或其他感知、溝通及肢體需要。他們的強弱有時候會互相屏蔽，使資優才能及障礙均較難被發現。

第四章

言語及讀寫　學習的基礎？

你有沒有想過，如果主流學習的媒介不是文字，課堂和考試會是怎樣的？

用語言和文字表達自己，對大部分人來說，不是太難學習的技巧。可是，對有言語障礙或讀寫障礙的學生來說，則是每天都費勁，甚至讓人氣餒的活動。難怪他們的學習動機和信心，一般比較低。

有言語障礙的人在發音、語言、流暢、或聲線方面出現問題；有讀寫障礙的人在學習讀寫方面有持續而嚴重的困難，而未能準確而流暢地閱讀和默寫字詞。

這兩類SEN均是發展性的困難，由腦部結構及功能的先天性異常所致，可能與多個遺傳基因有關，而不是後天的學習經歷或態度的問題。研究發現，及早的針對性訓練（最好六歲以前）能有效影響腦部發展，因此盡早識別極為重要。

在香港和不同國家的資料均顯示，言語障礙的普遍率為5%以上，而約每十個學童中，便有一個患有讀寫障礙！我們該如何識別及有效支援言語和讀寫能力較弱的孩子呢？

4.1

「我好鍾意見到你！」
訪校日的一點甜

我小學時的志願是做老師，原因很簡單──可以派貼紙給學生。

誰知，EP 也有機會派貼紙（在學生完成評估或訓練後）！😌 因此，我在每一間小學都會存放一些我特地蒐羅、那段時間裡學生最流行的卡通貼紙。

不預早準備，我當天定然沒有時間買貼紙的──沒有特別工作或突發事情的話，我的全天訪校日程一般如下，非常緊湊：

早上：二至三個評估項目

下午：三至四個家長或教師會議或諮詢 / 學生個別或小組輔導或訓練

而早上的評估大多是懷疑讀寫障礙的個案，我需要為學生完成兩個評估項目：

一、**智力測試**（以確定學生有正常智力，排除有智力障礙的可能性）；

二、**讀寫障礙測驗**（評估範疇包括語文、快速命名、語音意識、語音記憶、字形結構辨析、語素辨析和語言理解能力）。

這兩個項目各需約 1.5 小時。老實說，評估內容說不上很有趣，有些更是學生討厭的讀寫練習。為了不讓學生太累，我通常安排一天只讓學生完成其中一個項目。

讀寫評估也測智力

今天要為一名小二的女生進行智力評估。小課室內只有我倆，我和她坐在桌子的兩邊。評估中途，她突然舉手，認真地問：「*心小姐，你係唔係學校每一個學生都會見？*」

我心想她大概是覺得評估沉悶，或因為一個人面見我而害怕，於是我嘗試解釋：「*我每一次嚟學校都會見幾個小朋友㗎⋯⋯*」

她展露笑容，出其不意地說了一句：「*我好鍾意見到你！*」💙

我心想：「*哇，我同你做咁悶嘅評估你都想見我？*」忍不住笑了出來。我跟這名可愛的小女生說我也很喜歡見她，同時欣賞她在評估中努力回答題目。

完成智力評估後，她問還有沒有機會再和我見面。由於她是懷疑讀寫障礙的個案，我說我兩星期後的訪校日會再約她。她拿著我給她的貼紙，蹦蹦跳跳地離開課室。

說真的，她給了我「忙亂的一天中的一點甜」，也讓我有點期待下次的訪校。

4.2

「嗱交咁叻，點會有讀寫障礙？」
內疚父親的抗辯

香港的 EP 有不同的工作環境，可以是做前線、研究、培訓等，而前線同工大部分為中小學提供校本教育心理服務。我首六年的工作便是擔任校本 EP，每年服務五至七間學校，到訪每間學校約二十天。

一間學校有幾百名學生，其中有多少名需要輪侯教育心理服務？

家校 EP　共商支援措施

答案往往超過我可以在二十天內支援的人數😩。因此，我每個學期會與特殊教育需要統籌主任（Special Education Needs Coordinator，SENCO）及駐校社工開會，按學生的情況商量支援優次。由於社工和老師可以做某些 SEN 訓練及輔導，而 EP 是唯一合資格為學生做 SEN 評估的人，所以很自然，校本 EP 的主要工作便圍繞評估，尤其在小學。

校本 EP 為懷疑有 SEN 的學生完成專業評估後,學校的「學生支援組」會召開一個**評估後會議**,邀請家長、專業人士和相關學校職員出席。EP 解釋評估結果後,會和與會者共同商議支援學生的措施。

今天的評估後會議的主角是一名被老師懷疑有讀寫障礙的小三學生,我很慶幸他的父母均有出席。

當我解說學生的智力屬中上水平,但中文讀寫和相關的認知能力顯著低於全港同齡學生的程度,符合確診「讀寫障礙」的準則時⋯⋯

母親面向丈夫,激動得聲淚俱下:「*都話喫啦!我哋個仔學習上係有問題,天生喫,佢都唔想!你同你阿媽一直都唔信我,係咁鬧個仔曳,鬧佢懶,鬧到佢無晒自信!*」

父親明顯內疚,但又想抗辯:「*我點知啫!我見佢同佢阿嫲用中文嗌交咁叻,咁流利,邊似有讀寫障礙喎!*」

我:「*其實讀寫障礙其中一個重要嘅特徵就係,說話能力顯著比文字表達能力強⋯⋯*」

讀寫障礙

燈泡

讀寫障礙的徵狀

- 口語表達能力較文字表達能力為佳
- 閱讀欠流暢，並時常錯讀或忘記讀音
- 盡管努力學習，仍未能默寫已學的字詞
- 抄寫時經常漏寫或多寫了筆畫
- 較易疲倦，需要更多的注意力去完成讀寫的作業

認可的讀寫障礙評估工具

（適合以中文廣東話為主要語言的學生）

- 香港小學生讀寫障礙測驗（第三版）[HKT-P(III)]
- 香港初中學生讀寫障礙測驗（第二版）(HKT-JS-II)
- 學前兒童讀寫障礙及早識別量表（HKDESS）

＊評估兒童升讀小學後是否有機會患有讀寫障礙的風險

資料來源：教育局
https://sense.edb.gov.hk/tc/types-of-special-educational-needs/specific-learning-difficulties/introduction.html

4.3

「懶得講嘢又唔肯寫字」
需要時間慢慢表達的他

中一的 Aaron 初小時被確診有讀寫障礙及言語障礙。在課堂上他不肯朗讀和寫字，在家則常因要做功課而大發脾氣，父母形容督促 Aaron 學習像「拉牛上樹」……😣

此外，Aaron「懶得講嘢」的情況亦嚴重，父母老師問他甚麼，他都只說「唔知」。Aaron 父母希望我為他做一個進展性評估，以改良對他的支援。

叫停搶話的媽媽　讓孩子說

Aaron 和媽媽坐在我對面的沙發。看得出媽媽急不及待想分享，而 Aaron 則表現靦腆尷尬。

94

我如常問他們母子最關注哪些方面的情況（Aaron 的學習、社交、注意力、情緒或未來），從而訂立評估和支援的方向。

我問過 Aaron 後，他看著我沉默不語。我繼續殷切地看著他，幾秒後他出動口頭禪：「*唔知。*」😑

Aaron 的媽媽想開口，卻被我輕輕叫停。我溫和但堅定地說：「*我想聽 Aaron 講。你慢慢諗，慢慢講。*」

沉寂瀰漫了半分鐘，Aaron 終於斷斷續續地說：「*未來……唔想考 DSE。*」

一輪問答後，發現 Aaron 覺得讀主流學校很辛苦。他希望中三後修讀繪畫或設計課程……🎨

評估前，我認真地對 Aaron 表示：「*我希望可以準確咁評估你嘅強弱項，然後幫你搵適合你嘅課程同學校。評估嘅題目可能好難，你有機會唔識做，你想唔想盡力試吓？*」

Aaron 想了幾秒，接著點了點頭。

中一生讀寫僅初小程度

在過程中，我察覺 Aaron 的學習困難極嚴重，他的中英文讀寫能力只有初小程度！我理解為甚麼他在課堂上「不肯寫、不肯講」了。**他應該是真的不懂、反應太慢、或覺得尷尬和自卑而不肯嘗試。**😖

我盡力表現從容，並耐心等待及鼓勵 Aaron 作答，因為我知道丁點的不耐煩和批判也可能影響他的表現……

進步的契機：肯定學生態度

Aaron 履行諾言，努力在評估中作答。在默書和作句的測驗中，縱使他很多字都不會寫，他仍試答每一題；平日不肯動筆的他，也在作文測驗中寫了不太完整的三句。

最觸動我的部分是閱讀流暢度測驗。Aaron 需要朗讀一篇幾百字的文章，他一看到便苦著臉嚷：「*唔得，我真係唔識啲字！*」

雖然我有點於心不忍，但這是評估重要的部分，於是我鼓勵他試一試，同時從旁用手指協助他追蹤字詞。👆

Aaron 只能認讀小部分基本字詞，其餘大部分都不會讀。他不僅沒有放棄耍賴，還認真地逐個字猜讀。一篇一般學生用兩三分鐘讀完的文章，他用了十分鐘。**看著 Aaron 竭力克服困難，我感動不已。**

完成四小時的評估後，我毫不吝嗇地表達對 Aaron 的欣賞。我對他和父母說：「*無論評估最後嘅結果點樣，我都覺得過程中 Aaron 嘅態度表現係滿分。*」

我轉身面向 Aaron，並鼓勵他：「*我希望你平時都可以諗起今日，就算遇到好似唔可能嘅難題都盡力試。肯試就會有進步！加油！*」👍😊

有困難的孩子需要有耐性和不批判的學習環境

言語障礙

言語障礙四大類

1. 發音問題－發音不正確而引致說話混淆不清

2. 語言問題－有理解或表達語言的困難

3. 流暢問題－口吃、說話節奏太快或過慢等

4. 聲線問題－如過度使用或錯誤運用聲帶引致聲音沙啞甚至失聲

如懷疑子女有言語障礙，家長應該與教師溝通，填寫甄別問卷，以了解孩子是否需要接受校本言語治療師的評估和跟進服務。

口難言　其實心裡有想法

很多有讀寫或言語障礙的學生傾向少表達，不是因為他們沒有想法，而是相關能力較弱。**他們有時會因為不想別人等、避免批評或挫折而不嘗試。**可是，愈不練習，表現就愈落後朋輩。

當協助能力稍遜的孩子學習時，除了調適，請給他們：

1. 耐性➡ 充足的時間、教導和鼓勵

2. 動機➡ 努力的理由

3. 尊重➡ 不批判的環境

4. 欣賞➡ 重視過程大於成果🩶

資料來源：教育局
https://sense.edb.gov.hk/tc/types-of-special-educational-needs/speech-and-language-impairment/introduction.html

4.4 「佢頂唔順先轉校啦！」
等待兒子失敗的爸爸

Harry 是一名初小學生，就讀一所以催谷學生成績聞名的地區名校。他的中文讀寫能力較弱，因而拖累數學及常識科的表現。Harry 在班中表現欠缺自信，亦曾向父母表示覺得自己愚蠢無能。

老師懷疑 Harry 有讀寫障礙，於是轉介他予我做評估。在評估前的家長訪問中，Harry 的爸媽為了學校的問題吵了起來⋯⋯ 😣

爸爸堅持 Harry 應繼續就讀現校：「我想 Harry 留喺呢度努力讀好啲書！加上呢間學校咁出名，畢業後佢一定有多啲選擇！」

媽媽則希望幫 Harry 轉換學習環境：「但係佢讀得咁辛苦，又無哂信心，我地不如幫佢揀間輕鬆啲嘅學校啦！」

每天花五小時做功課

原來 Harry 每天應付繁重的功課及測考非常吃力。盡管有補習老師和父母貼身指導，他仍要花至少五小時完成課業，有時接近午夜才能睡覺。Harry 頻頻抱怨說功課太多，覺得很累。😣

爸爸回應：「*Harry 依家都仲應付到呀！到佢真係頂唔順，讀到好唔開心，我地先幫佢轉校啦！*」

聽到最後一句的時候我不僅覺得心痛，還有一點生氣。

我直白但禮貌地告訴爸爸——在支援有學習困難的學生方面，**我們不應「等待失敗」（wait to fail）才提供支援**！這種古板的模式嚴重妨礙孩子的學習、情緒和自我形象。研究亦顯示此等被動的支援方法弊多於利。✖

我們應該在察覺孩子有危機或輕微的困難時，主動提供優化及額外的支援。如果成效仍不理想，我們便應更積極提升支援的強度或做其他調節，因材施教！

總括而言，我希望 Harry 的父母：

1. 加強和改良他們現在給 Harry 的支援，如為他提供專為有讀寫困難的學生設計的訓練

2. 若支援後 Harry 還是應付不了學習的重擔，宜考慮為他選擇有更好的支援，或學習要求較合理的學校

爸爸聽完，好像明白，又有點懷疑。

我說：「*今次評估會全面了解 Harry 嘅學習情況同需要，做完話俾你哋聽有乜方法可以有效幫到佢啦！*」😊

先天困難　非態度問題

有讀寫障礙及言語障礙的學生，有的是先天的學習困難，不是後天的習慣或態度衍生的問題。在缺乏了解和支援下，他們在學習上會常常碰壁，打沉他們的信心和動機，甚至影響自我和社交形象。他們最需要的是父母和老師及早按他們的程度，一步一步的扶持、支援和鼓勵。

#跌到谷底才有支援其實太遲
#及早支援才能保存孩子的信心和動力

第四章 言語及讀寫
學習的基礎？

香港學校採用的支援模式

以上個案中支援Harry的建議參考「支援一成效模式」(Response to Intervention)和「三層支援模式」。可喜的是，大部分香港的中小學已採納這些概念支援學生。

其中我最欣賞「及早識別和輔導有學習困難的小一學生」計劃——在全港的公營普通及直接資助計劃小學中，EP連同科任老師，以及學生支援小組成員共同執行。

在十二月左右開始，先透過觀察、討論及識別量表，檢視所有小一學生的學習情況，然後在下學期為有困難的學生提供額外支援，避免他們的問題惡化。經支援後仍有困難的學生會被安排在小二接受評估和支援。🤍

第五章

ADHD 何以常被誤會？

我常常懷疑自己有輕微的注意力不足／過度活躍症（ADHD）。若要為我的注意力打個分數，1最低，10最高，我應該只會給自己5分，因為我頗容易分心和拖延，但跟隨指令和組織的能力還好。雖然我有時會在限期的最後一刻「臨急抱佛腳」趕工，卻不會欠交。

——也許只是我的執行能力平衡了我的弱項。

ADHD患者，在注意力及行為控制方面天生有缺損，有機會引致學習、社交、行為、或情緒的困難。不過，若及早發現，加上適當的訓練和治療，以及環境和策略上的配合，不少ADHD的學生也能有效發揮潛能，正面發展！

讓我們一同走進ADHD學生的內心世界，先聽聽他們常被誤會的心聲，再想想可以怎樣支持他們吧！

5.1

「我唔係懶，唔係曳！」
不信女兒天生有困難的媽媽

Emma 升上小學三年級後，中英文科的成績開始下滑，考試從八十分左右掉落到大概六七十分。科任老師均認為 Emma 在課堂上乖巧，但課業表現欠佳。

相反，媽媽形容 Emma 為不聽話和反叛，因為她在家抗拒與學習有關的活動，每天都和媽媽爭吵及談判——Emma 不肯開始做功課、哀求媽媽協助、爭取縮短溫習及補習的時間，一日復一日，讓媽媽很煩厭和苦惱。

「只會哭不會改」

此外，媽媽投訴 Emma 懶惰及死性不改。「佢叫極都唔郁」、「大頭蝦」和「提了一百次都繼續錯」……媽媽好像停不了口，機關槍式地發牢騷。說 Emma 容易發夢、帶漏功課、遺失文具、書包書桌凌亂不堪等。

第五章 ADHD 何以常被誤會？

媽媽說她已經罵了Emma無數次,每次Emma都會大哭,可是哭完之後沒有悔改。

我愈聽愈覺得不對勁……😢

媽媽希望我訓練和輔導Emma,改善她的學習態度。我卻覺得Emma需要一個全面的評估。幸好,媽媽信任我的判斷,接納我的建議。

在單對單的評估過程中,Emma十分合作,但偶爾分心。當我和她談起學業時,她眼中秒速充滿淚水,然後默默地哭了幾回……

Emma委屈地說:「*我有努力上堂溫書,但我真係睇唔明啲字呀!媽咪成日叫我做野,我好想做好,但我真係唔記得!我唔係懶,唔係曳㗎!*😟」

除了直接評估,我也透過面談和問卷收集父母和老師們的觀察,再查看Emma的成績表和試卷,從而全面了解她在學習、注意力、情緒和行為方面的需要。

注意力不足較難發現

評估結果為Emma有兩個SEN:

1. 讀寫障礙(中文認默字詞能力非常弱);

2. 注意力不足症(Attention Deficit Disorder/ ADHD-Predominantly Inattentive Presentation,簡稱ADD)。

此外,她有顯著的焦慮症症狀。😟

注意力是一個人在接收到不同或大量資訊時，有效持續專注在該人選擇的事物上，同時排除並忽略其他資訊的能力。根據我的觀察，**令學生注意力弱的常見原因有三個：**

1. 基因問題，導致天生腦部結構或分泌異常，如 ADHD 患者；

2. 對事物缺乏興趣和動機，因而表現懶散；

3. 正經歷壓力或情緒問題（如抑鬱和焦慮），影響心理和腦部分泌。

如 Emma 般天生注意力不足，卻沒有過度活躍問題的孩子有時候較難被發現，因為他們的困難比較內化（不外顯／不影響別人），卻往往影響學習表現、情緒和自我形象。

嚴厲改正家長的偏見

評估完成後，媽媽單獨來見我，聽到結果時嚇了一跳，不能接受。她說 Emma 之前的成績不算太差，不可能有 SEN，她只是懶惰⋯⋯

我嚴正地對媽媽說：「*有唔少乖嘅讀寫障礙學生好似 Emma 咁，在初小仲應付到學業，考試卷有得努力溫嘅部分做得 ok，無得溫習嘅部分先搞唔掂！而且，ADD 係比較難發現嘅 SEN，好多人會以為佢地懶或曳，但其實佢哋係有心無力！父母老師愈唔明白佢哋，愈鬧得多，就會進一步打擊佢哋對學習同自己嘅信心，甚至導致情緒問題！*」

媽媽片刻說不出話，然後問：「*咁我依家可以做啲乜？*」

我：「*請妳先嘗試明白 Emma 嘅困難和需要，改變你對佢固有嘅諗法！之後，你可以表達你對佢嘅理解同支持，一步一步咁幫佢進步！*」💪💪

#責罵不能解決問題 #改變思維 #對症下藥

第五章 ADHD 何以常被誤會？

注意力不足型

燈泡

女生更易被「走漏眼」

ADD 是相對較難被發現的 SEN，因為看起來像慵懶的孩子。有研究顯示，女孩子的 ADD 或 ADHD 個案因徵狀不及男孩子明顯，更容易被「走漏眼」(在成長過程中未被確診)。我遇過不少像Emma的個案，到中學或成年後才自行評估，發現時學習和情緒方面已經出狀況，或被深切地影響了。😣

我 / 孩子有注意力不足的問題嗎？

大家可以看看孩子 / 自己有沒有以下注意力不足徵狀，符合五至六項的話可考慮專業評估和支援！😊

☐ 難以注意細節，容易因此犯錯

☐ 難以長時間專注於同一件事情

☐ 難以按照指引做事，經常無法完成日常事務

☐ 做事經常缺乏條理

☐ 抗拒或不喜歡需要全神貫注的事情

☐ 經常遺失日常學習或活動的所需用品

☐ 很容易受周遭環境或事情影響而分心

☐ 常遺忘日常生活中已安排的活動

資料來源：《精神疾病診斷與統計手冊》第五版

「我個喉嚨好似封住咗！」
網課令ADHD學生驚恐？

在2020至2023年新冠病毒疫情期間，香港教育局數度宣布學校暫停面授課堂，改為網上教學。

網上授課對大部分學生都有負面影響。然而據我觀察，其中一批有SEN的學生的情況比較「慘烈」。

初中的Freddy是這批學生的其中一員。他的成績在近兩年斷續的網課期間一落千丈，更經常感到焦慮和驚恐。👀

兩年疫情　成績一落千丈

第一次面見Freddy時，他急不及待向我大吐苦水：「*我好憎網課呀！佢搞到我乜都差哂！*」😣

原來Freddy上網課時有以下難處：

1. **不專心**——沒有課室的氛圍，沒有同學在身邊，對著電腦屏幕上課，他難以持續專注、常分心、發白日夢，吸收不了老師的講解；

2. **拖延**——補習班被取消，父母要上班，自己不能適時做功課和溫習，往往拖到最後一刻才起動；🕐

3. **組織力弱**——未能妥善整理自己的物件和工作，以及管理時間，完成被指派的作業，很多時候連有甚麼功課都不知道……

你可以想像，結果是Freddy作息混亂，堆積不少功課欠交，測考表現亦每況愈下。😣最慘的是Freddy很想做好，卻有心無力，使他感到極度徬徨和內疚，終引致焦慮及驚恐症狀……

Freddy分享時面如死灰：

「*我覺得太多嘢做、太多嘢溫習嘅日子就會無端端、好頻密咁有panic attacks（驚恐突襲）！通常我個心會跳得好快，跟著狂喘氣。有幾次我個喉嚨直情好似封住咗，搞到我差唔多窒息！我攤係張床郁唔到，好耐先平伏返。*」😣

需要「結構化」的環境

我為Freddy作詳細的評估，結果顯示他的智力屬中上，但有ADD（注意力不足症）及焦慮症；他的注意力及執行能力均較同齡學生弱，只是一直未被發現。以往Freddy能應付學習要求是因為他聰明又勤力，學校有結構化的學習環境，加上課外有補習班協助完成作業。

難怪Freddy的媽媽聽到評估結果後說：

「*如果唔係因為呢個疫情嘅網課，我都唔知佢有注意力嘅問題！*」

就Freddy的情況，我、精神科醫生及學校聯手為他提供多方支援，包括：

· **學習上的調適**——如老師引導Freddy分階段完成功課、暫時給予更多時間完成功課、延長測考作答時間等；

· **注意力及執行能力訓練**——如排除干擾的策略、透過優次排定及工作清單提升溫習效率，運用日程和時間表分配時間和組織活動等；

· **心理輔導**——增強情緒管理，以及自我認知和信心；

· **精神科藥物治療**——提升注意及自制能力，並穩定情緒，讓他更有效吸收訓練和輔導的內容。

學習訂日程　自我督促

評估後的半年間，中學面授課堂逐漸恢復。Freddy亦漸漸掌握制訂並跟隨日程，督促自己專注和逐步完成工作，總算跟上了同學的進度。

環境的突然改變後有時候會讓我們無所適從，我們亦無從躲避。相比等待環境回復原狀，或依賴外間的支援，最好還是像Freddy一樣，強化自己內在的能力，讓自己更獨立，往後更能抵抗逆境。

\# 隱藏的 ADHD
\# 愈高年級，學校的行為支援及規管均愈少
\# 不少學生到大學才發現有 ADHD

培養自律

燈泡

「執行技巧」非理所當然的

不少家長要求子女在生活上「自律」，自己擬定和跟從時間表學習，安排自己的生活。可是，這些執行技巧對很多學生來說都不是理所當然的！研究更指出患 ADHD 人士的執行功能比一般人弱。

此外，研究發現執行技巧比智力更能預測一個人的學業表現和事業成就。因此，無論是希望子女自律，還是想提升個人學習表現，都可以從執行技巧著手。

執行技巧包括：

- 反應抑制
- 組織
- 工作記憶
- 時間管理
- 情緒控制
- 堅持達標
- 持久專注
- 靈活變通
- 任務展開
- 後設認知
- 規劃與優次排定

資料來源：教育局「執行技巧訓練：指導計劃」手冊（2022 年修訂版）

5.3

「變返兩歲媽咪會錫我多啲」
SEN 學生的八個願望

「如果有一個精靈突然出現，俾你一個願望，你會想要咩？」這是一道我經常問學生的問題。

學生的回答千奇百趣，有些更是發人深省。更重要的是，這些答案通常能協助我了解學生的內心世界，尤其是他們最重視或需要的東西。

你或你的子女現在的「頭號願望」是甚麼？

讓我念念不忘的願望

不少答案是一般「孩子式」願望，包括「要多一個願望」、錢/課金、玩具、不用做功課、有更多朋友、成為YouTuber……

以下是八個我有記下來，或讓我念念不忘的回答：

1.「*養貓！*」──最近幾名患焦慮症的學生不約而同地表示。

2.「*我想有人教識我英文。*」──由祖父母照顧，有限智能的小學生說。

3.「*我希望恐龍繼續生存，等我可以騎一隻暴龍！*」──有 ADHD 的小男生興奮地嚷。

4.「*可以好快做完功課、全家人都照顧我、全家人都唔會死⋯⋯*」──有讀寫障礙的初小學生擔心地告訴我，他的父母常因他的學習問題爭執，亦曾體罰他。

5.「*我想要一支好靚嘅鉛芯筆。*」──備受家人寵愛，有讀寫障礙但沒有學習壓力的小女生天真地笑著說。

6.「*我想全世界嘅大人都消失！*」──經常被父母和老師責罵，有自閉症的高小男生冷冷地的表示。

7.「*我唔想成日瞓得咁差、咁劫⋯⋯*」──幾名有抑鬱症的中學生最近向我訴苦。😩

8.「*我想變返兩歲，嗰陣時媽咪好錫我㗎！媽咪依家淨係會鬧我⋯⋯*」小學三年級的 Neo 語帶憂傷地回答。

為甚麼 Neo 會有這個願望呢？ ☹

否定評估結果　媽媽破口大罵

我幫 Neo 做評估的時候，發現他有 ADHD 的症狀。縱使 Neo 的態度合作，嘗試跟隨我的指令，他的表現顯示他控制不了自己。

Neo 不斷離題及打斷我說話、問了一堆「唔啦更」（不著邊際）的問題、觸碰附近的物件、不能安坐座位、甚至把腳放在椅子上⋯⋯每次我提

醒Neo，他會乖乖聽話做好，不過三分鐘後又像無意識地展現以上行為。😭

評估後，我向Neo媽媽分享觀察。媽媽不相信Neo有先天困難，她堅持Neo只是不肯控制自己的行為，開始破口大罵！Neo眼中含著一泡眼淚，身體縮成一團，看得出他覺得十分委屈和內疚……

——我親眼看到是甚麼讓Neo想變回兩歲。

我先請媽媽冷靜，然後在得到Neo同意後講出他的願望。

媽媽那雙本來充滿怒氣的眼睛頓然軟化，Neo同時也忍不住嚎哭起來。媽媽把Neo抱入懷中，哄著他說：「*你唔好咁傻啦，媽媽點會唔錫你呢？*」

我囑咐媽媽：「*對住有學習或行為困難嘅小朋友，家長同老師愈多責備，佢哋嘅傷悲同無力感就會愈重，同大人嘅關係亦會愈差，咁樣通常幫唔到佢哋。我哋嘅角色係用心了解，之後用佢哋需要同想要嘅方式作出支援呀！*」🖤🖤

大家也問問自己和孩子有甚麼願望吧！

（提示：聆聽、了解、不批判）

第五章 ADHD 何以常被誤會？

ADHD

腦缺損致行為調控問題

在「不聽話」、「衝動」、「多動」的面紗之下，注意力不足 / 過度活躍症（ADHD）有三種類型：

1. 注意力不足型（Inattentive type）

   ——如 5.1 和 5.2 的 Emma 和 Freddy

2. 過度活躍 / 衝動型（Hyperactive-impulsive type）

   ——如 5.3 的 Neo

3. 綜合型（Combined type）

第二和三類 ADHD 的患者除了注意力較弱，他們天生腦部的缺損亦造成行為及情緒調控方面的困難。這些徵狀很多時候影響患者與他人的關係和社交表現，也讓他們比常人較多被排擠或斥責，例如以下的個案……

「優點缺點組成社交套餐？」

渴望朋友的 ADHD 學生

Florence 十四歲，有 ADHD 及輕微抑鬱症狀，被轉介予我做訓練和輔導。初次面見時，她的父母列出一張清單，表明希望我協助 Florence 提升許多方面的表現，如專注力、學習動機、減少打機、整理房間、禮貌……

「*咁你最想我支援你邊方面？*」我問坐在父母旁邊的 Florence。我想知道她的意願，以及她最需要的支援。

看得出 Florence 本在遊魂，突然被我的問題召喚回來。她想了想，肯定又帶點悲哀的說：「*社交，因為我想有固定嘅朋友。我唔知點解好容易識朋友，但係維繫唔到，俾人踢出朋友圈幾次啦。*」

——許多有 ADHD 的學生除了要面對注意力及自制能力較弱的問題，亦遇上不同程度的社交困難。

「理想朋友」的特質

我答應Florence：「*無問題，我哋傾吓。*」我決定先支援Florence的心願，再進行父母想我提供的訓練，幸好他們支持。

她的父母離開房間後，我拿出白紙和筆，問Florence：

「*你最希望你嘅朋友係點㗎？講三個個人特質俾我聽。*」

Florence認真思考片刻後說😊：「*幽默、聰明、關心朋友！*」

我將她的答案一一寫下，然後微笑看著她問：「*咁你嘅個人特質又係點㗎？包唔包括呢三個優點？*」

Florence又想了想，略帶尷尬的笑了出來：「*應該都算係呢三個嘅！*」

我接著問：「*咁你有無啲特質或行為對其他人嚟講可能麻麻哋㗎？*」

Florence立刻有這題的答案：「*我成日忍唔住插嘴同講啲曳嘢。啲女仔有時話我粗魯，又話我講嘢太直接，我咪唯有同啲男仔玩囉。*」☹️

明顯她對這些評語已是耳熟能詳。

我把這些缺點寫在優點旁邊，然後用一個圓形框起所有點子。我遞給Florence看，並用一個比喻解釋：

「*每個人都有優點同缺點，加起嚟就好似一個套餐。而識朋友就係一個配對嘅過程，我哋會各自根據自己想要嘅朋友準則作出選擇。你覺得你呢個套餐點呀？點樣嘅改變會令你更受同學歡迎？*」

Florence的表情告訴我她有所感悟，她問我可否用手機拍下這幅圖。我當然歡迎，之後便與她聊得更深入。😊

行動不想後果 欠耐性解難

與父母詳談後發現Florence與很多ADHD學生一樣,性格善良但衝動,行動前常常沒思考長遠的後果。她意識不到自己無心的行為會讓人不悅,並在別人心中留下壞印象,影響她日後的社交及情緒。

此外,當Florence與別人有紛爭時,她欠缺耐性去解決問題。當刻她會很暴躁,寧願放棄友誼也不肯用心解釋自己的立場或行為,令誤會愈滾愈大,社交情況更糟糕。😔

研究指出,由於腦部結構問題,ADHD學生一般管理自己社交行為的能力較弱,惟這方面的需要不時被其他問題掩蓋。

若想改善相關能力,第一步是提升學生在社交上的自我意識(如理解自身的優劣勢及社交處境),以及自我評估(反省自己的行為的利弊及影響)的能力,讓她之後有能力作更多更好的社交決定——這便是今天我和Florence探討的重點。

期待能一步步協助Florence調控自己的行為,讓她能維繫友誼,留在屬於她的朋友圈。🤍💜

協助SEN學生找到並留在屬於自己的朋友圈
引導學生反思才有動力改善

過度活躍症

燈泡

我 / 孩子有過度活躍或衝動問題嗎？

大家可以看看孩子/自己有沒有以下過度活躍或衝動的徵狀，符合五至六項的話可考慮專業評估和支援！😊

☐ 經常手腳不停的動或者在座位上挪動

☐ 經常在該維持安坐時離席

☐ 經常在不宜跑或爬的場所跑或爬

☐ 經常無法安靜地玩或從事休閒活動

☐ 經常處於活躍的狀態，好像被馬達驅使般的行動

☐ 經常太多話

☐ 經常在問題尚未完結時衝口說出答案

☐ 經常難以等待或排隊

☐ 經常打斷或侵擾他人進行的活動

資料來源：《精神疾病診斷與統計手冊》第五版

ADHD 的遺傳因素

ADHD 的成因包括遺傳因素。一般人患 ADHD 的機會約 3 至 5%。若父母其中一方患 ADHD，子女患 ADHD 的機會則為約 35%。我遇過不少家長透過孩子了解到自己同樣是患者。

好幾名ADHD家長對我說過類似的話：「怪唔得我哋屋企咁嘈吵，我哋兩個都咁衝動，都控制唔到自己講嘅說話同負面情緒！我都要一齊學習同進步啦！」

5.5

「點解同學唔使人幫，我要？」
SEN學生的無力感與自責

Mabel讀小學時被發現患ADHD，其後一直服用相關藥物，學習表現總算跟得上。自升上中四後，Mabel開始應付不了課業要求，被轉介予我作個別訓練。

Mabel在過去三次訓練中表現積極，她尤其希望改善自己拖延及易分心的情況。每次我都會先教Mabel提升執行技巧的方法，然後與她製作筆記，協助她在家嘗試。

學習技巧學了　卻未能應用

第四節訓練前，Mabel的爸爸突然提出希望到場旁聽，因為他和妻子想知道Mabel在學甚麼。我問爸爸為甚麼有這個意願。

爸爸緊皺眉頭，關切的道出家中的觀察：「*近排 Mabel 多咗功課同小測，但係佢做嘢仲係慢，唔係好搞得掂，所以好夜瞓。我哋擔心佢嘅健康，好想知除咗晚晚陪佢溫習，仲可以點幫佢！*」😣

Mabel 一臉尷尬，她解釋她真的很想用新學的技巧提升自己的學習效率。可是，她忙著忙著，忘記把筆記拿出來看，最終未有按部就班、實踐計劃。

我知道 Mabel 丟三落四的狀態，是她 ADHD 引起的困難之一。

爸爸滿臉寫著失望。😐

我試著為 Mabel 解圍，請她透過之前的筆記向爸爸解釋她這幾節學了甚麼。

由於 Mabel 一直有認真上課，因此能娓娓道來。我看爸爸表情緩和不少後，請他在房間外等候，讓我和 Mabel 單獨傾談。

ADHD 學生　格外多自責

爸爸踏出門後，Maple 沉默的垂下頭。我猜剛才的情況讓她頗為難堪，便輕輕地問：「*你點呀？諗緊啲咩？*」

Mabel 瞬間淚如雨下，泣不成聲。她說：「*我想阿爸阿媽俾多啲時間我自己改變……我都知我仲未做得好好，但係我已經努力緊㗎啦！*

「*同埋我真係唔想阿爸阿媽要成日睇住我，不斷幫我。點解我嘅同學唔需要人幫，我要？！*」😔

有 SEN 的學生不時會對我訴說他們的無力感，以及自責的想法——在有 ADHD 的學生身上格外常見。

讓 Mabel 盡情抒發一輪感受後，我安慰她說：「*每個人天生都有弱項，可能係注意力、學習、讀寫、社交、情緒控制能力等等，我哋都唔想㗎。*

「*因為呢啲弱項，我哋成長嘅時候會需要其他人唔同嘅幫助。如果我哋想未來可以獨立，自己獲得成就，可以記住一條乘數！*」

我在白紙上寫下：

「**天賦 X 技巧 X 努力 = 成就**」

要減輕學生的無力和自責感，其中一個方法是提供清晰可行的改進方法。

我與 Mabel 討論三個可以提升的方面：

1. 天賦：有些天生的能力難以被顯著提升（如智力），但有些生理上的問題則可透過藥物減輕，像 ADHD 源自腦分泌異常，所以藥物治療能有效減輕相關症狀。🧠

2. 技巧：ADHD 患者一般執行技巧較弱，如規劃及啟動工作、自我監控、注意力控制、組織能力。幸好，這些都能透過學習和練習改善。💪

3. 努力：就算有能力和技巧，我們仍需投放時間和努力才能取得高成就。如果我們的心態積極、目標清晰、動力充足，自然會在過程中更容易堅持。🏋️

我指著公式鼓勵 Mabel：

「*每一方面嘅進步都會令我哋嘅成就更高，當然最好就三方面都提升啦。你想唔想盡力試吓？*」

Mabel 看著我，想了半响之後堅定的點了點頭。

我們立刻繼續執行技巧訓練，在筆記中也加了一些對抗 Mabel 懶散傾向的方法。最後，我請她想想父母以怎樣的方式支援她，會讓她覺得舒服又有效，並在之後與他們分享。

Mabel 的成就公式會如何發展？我相信會愈來愈好的。

#真的很多 ADHD 學生對我表達無力、內疚和自責
#請關顧他們的感受　#執行技巧可以學

第五章 ADHD 何以常被誤會？

5.6

「一直懷疑自己係唔係蠢」
ADHD 應該食藥，還是訓練？

通常需要教育心理評估的學生都是由家長或老師作轉介的。就讀初中的 Thomas 卻是自己向父母要求接受評估⋯⋯

Thomas 的父母和老師均認為他是一個天資聰慧的孩子，能很快學習新事物。可是，Thomas 上課時腦袋總是充滿奇思亂想，他做事時亦比較衝動及雜亂無章。他在家往往不能啟動和完成他的課業，以致他經常因欠交功課被老師責罰。Thomas 嘗試改進，唯不見成效，令他的學習動機逐漸薄弱，成績也每況愈下。

雖然表面上 Thomas 好像看得開，有時候甚至故意在老師和同學面前搞怪，但他心底裡有點不服氣，也為自己的情況覺得失望和困擾。

聽厭了「你可以做得更好」

Thomas 在聽了好幾名老師、好幾年同一番說他「可以做得更好」的話後，終於按捺不住，自己向父母表示想找專家了解自己的能力，因而遇上我。

我為 Thomas 評估後，發現他的智力穩穩的坐落在「優異」水平（未算「資優」，但在一百名同齡孩子中排名前十）。此外，我和精神科醫生一致評定他有 ADHD。

評估結果能解釋為甚麼 Thomas 在學習方面事倍功半的狀況。

在與 Thomas 和父母分享評估結果的過程中，**我看到 Thomas 的表情由擔憂轉化為釋懷**。他說：「*我一直懷疑自己係唔係比較蠢……以後我終於唔需要再懷疑自己嘅學習能力啦！*」😳

而像大部分有 ADHD 的孩子的父母一樣，Thomas 的父母問我：「***Thomas 使唔使食精神科藥物嚟控制佢 ADHD 嘅症狀？***」

試藥兩星期　學業現轉機

評估後第一次面見 Thomas 時，他已經見過精神科醫生，開始服用 ADHD 藥物兩星期。一開始他看起來跟之前沒有兩樣，一談起學業就有一點驚喜。

我：「*食咗藥之後同以前有無分別呀？*」

Thomas：「*我覺得藥物喺學習上幫到我。*」

我：「*邊方面？*」

他：「*初時沒乜感覺。我係有一日上堂睇白板嘅時候，發現自己竟然大概知道老師講緊乜，我先知道我嘅注意力好咗。以前我上堂嘅時候，就算逼自己留心，都係唔能夠集中精神，然後咩都聽唔明。*」

我：😊「*咁喺屋企有無分別？*」

他想了想，說：「*都有！我終於少咗 procrastinate（拖延），好容易就可以開始做功課，而且比之前更快做完，多咗時間打機！仲有，我有一日做功課嘅時候，無意識咁睇到個鐘一眼，竟然發現我專注咗十五分鐘！我好似未試過咁長時間唔分心！*」

我：😊😊「*太好啦！咁你依家想唔想同我傾吓呢個學期嘅學習目標同計劃？*」

他：「*好！*」

與行為訓練雙管齊下

在對話中，我感到 Thomas 的**自我效能**（對自身能完成任務和達成目標的信念的強度）提升了不少，而且對學習也抱有希望和動力。

我順勢和他做了一點生涯規劃，探討他有興趣的職業和大學課程，以及他需要增強的學習和執行技巧，如時間管理、規劃、組織、行為和情緒控制、記憶法等。

我相信，在藥物和行為訓練「雙管齊下」的支援下，Thomas 應該能在不久的未來展現他的潛能！

移除困難才能盡展潛能

用藥四個考慮

如果家長問：「我的孩子有 ADHD，應不應該食藥？」，我通常會用以下四個重點回應：

1. 生理因素

ADHD 症狀源於腦部分泌異常所致，所以相關藥物通常對患者有一定幫助。精神科醫生會根據患者的 ADHD 症狀及其嚴重程度判斷是否用藥，以及該處方哪種藥物（ADHD 藥物有不同種類和時長，副作用亦因人而異）。

2. 天秤思考法

家長為孩子考慮時，宜先全面思考用藥的正面及負面後果，然後作出有利孩子發展的決定。負面後果通常是生理上的副作用（常見的是食欲下降，睡眠失調等。一般找醫生調藥後會有所改善）；正面後果則包括提升專注力、行為和情緒調控能力、學習表現和動機、自我效能、自信、親子關係、社交表現、減低被責罰的情況等。

3. 盡可能「雙管齊下」

研究告訴我們藥物和行為訓練均對 ADHD 患者有幫助，但兩種方法並用比只用其中一個方法的效能顯著有效。

4. 藥物不能解決所有 ADHD 學童面對的困難！

我們不可以期望「吃咗藥就搞掂晒」。學習和執行技巧的缺損、行為及情緒調控、過往被責罰或失敗的經歷、與朋輩和家人相處等問題，需要父母、老師、社工或心理學家透過訓練或輔導才能有效處理。

當他自身的能力增強了，對藥物的需要便有機會慢慢減低！

第六章

最有效的學習方法？

家長和老師們常問我：「怎樣能讓孩子在學習方面進步？」

我一般會回答：「從這三方面入手——**學習動機、技巧、習慣。缺一不可。**」——學生的學習天賦我們無從改變，但這三個元素均可以透過後天支援加強。

就此，教育心理學的研究學者已為我們找出許多實證為本的理論和方法。可惜的是，很多學生在這三方面缺乏指引，導致學習困難，或失去信心和動力。相反，若學生對學習有動力，同時有良好的技巧和習慣，除了能讓他們的學習效率和表現提升，還能騰出更多時間休息、社交、發展自己的興趣及強項呢！

除了以上答案，我通常會多加一個提醒：

「在嘗試提升孩子學習表現前，記得確保他有穩定的情緒，否則再好的能力亦未必能發揮出來。」——我見過太多有潛質，有努力的學生，因為壓力或情緒問題嚴重影響學業。因此我常常建議想把書讀好的學生，把**情緒調控能力**設為重要的目標和技能。

希望更多家長和老師會投放心思，引導孩子從小發展高效率的學習技巧吧！

6.1

「等我做吓靜觀先！」
小一生的呼吸練習結果

像我在引子所說，**安定的情緒是學習表現和動機的基石**。其中一個近十年在學生情緒調控方面非常熱門的題目是「靜觀」（Mindfulness）。

你有沒有聽過靜觀？你知道他在學習方面的作用嗎？它適合所有人嗎？讓我透過兩個個案簡述吧！

國際學校也教靜觀

Patrick就讀小一，是百分百的飛機迷，被懷疑有ADHD和自閉症。他的性格開朗友善，評估前手舞足蹈地與我分享興趣。由於這是初次面見的傾談時段，我讓他盡情表達。

133

Patrick 愈講愈興奮,語速增快,動作也更誇張…… 突然,他深深地吸了一口氣,兩臂在身旁由下往上畫了一個圈,然後雙手合掌於胸前,鄭重地說:「*等我做吓靜觀先!*」😊🙏

坐在對面的我十分驚訝,年紀這麼小的學生在沒提示的情況下,透過呼吸調整自己的狀態和情緒,我可是第一次看到!凝視著 Patrick 閉起雙眼、認真、安靜地做了幾下深呼吸,我的心充滿莫名的欣喜。

Patrick 張開眼睛,明顯平靜了一點。我問:「*邊個教你靜觀㗎?*」

Patrick 面帶神氣的表情表示:「*我幼稚園老師有教我哋靜觀呼吸,我成日都用㗎啦!*」

我忍俊不禁,噗赫一笑。😜

是的,不少本地及國際學校已把學習靜觀納入課堂之中。為甚麼?

愈來愈多研究顯示,長期的靜觀修習能影響腦部四個部位的結構,伴隨以下益處:🧠🖤

‧加強調節情緒及自我關懷;

‧增強短期記憶力和學業成績;

‧提升注意力及執行功能;

‧減低行為問題;

‧有利發展同理心和人際關係;

‧減輕壓力、抑鬱、焦慮、疼痛、成癮等。

專注畫畫　從恐慌突襲抽身

高中生 Beth 總是喋喋不休，思緒紊亂，常常擔心自己做得不夠好，連洗手也要用上四十分鐘才滿意！她患有強迫症和焦慮症，除了接受精神科藥物治療，我也有為她提供心理輔導。

——她說近期心神恍惚、溫書後甚麼都記不住、晚上不停發夢。當我提到鬆弛練習一般有助減低焦慮症狀時，她說想試一試。 我仍未成為靜觀導師，只可以陪她做簡單的呼吸練習。我用電腦播放一個「三分鐘呼吸練習」的影片，由一把溫柔的聲音指導我們⋯⋯

不到一分鐘，Beth 伸手直接把影片按停，面露痛苦的表情喊：「*對唔住，我頂唔順！我成身好痛、好熱！*」🔥

Beth 的經歷並不罕見。現代人生活忙亂，壓力很大，**身體發出的警號不時被忽略**。平日處理大小事務時尚能分心，一靜下來觀察身體，方感受到身體強烈的不適。

Beth 的眼神充滿不安與恐懼，卻費力忍住。😨我心知不妙，立刻問：「*你依家係唔係有 panic attack（恐慌突襲）？*」

Beth 知道我看穿了，也不再隱瞞：「*我啜唔到氣！我覺得我會死⋯⋯*」

我立刻嘗試引導 Beth 透過情緒著陸（Grounding techniques）技巧，用活動將她的焦點從強烈的情緒中帶回此時此刻。感恩我知道 Beth 的喜好，便馬上放一張白紙在她面前，請她畫她最喜歡的動漫人物。她起初拒絕，怕自己畫得不好。我溫柔且堅定地說：「*你畫啦，我想你專注過程，唔係結果。*」

Beth動手畫⋯⋯一兩分鐘後，終於平靜下來。

Beth的個案印證了一個事實：雖然靜觀修習很有效，也具科學實證，但它並不適合所有人。我非常同意我老師林瑞芳教授寫的入門書籍《靜觀自得》中的一句話——「凡是有效能的東西都可以有害」，因此學習靜觀需要專業的指導。

家長孩子 共同掌控情緒

靜觀的定義為「來自有意的、在當下的、不加批判的注意」——一個難以用言語解釋，需要親自體驗的概念。修讀靜觀基礎課程的過程中，我理解到它是積極的生活態度，而呼吸練習是其中一個扎根的過程。我為了在高壓的工作環境下，保持身心健康和工作效率，已經大約一年半每天早上起床先做簡短的靜觀練習，加上每星期做瑜伽兩到三次（暫時成效還不錯，起碼在工作和寫書同步進行的時候撐得住）。

靜觀修習能鍛鍊和提升學生的情感調控、抗壓力和執行技巧，為他們的學習動機和表現打下穩固的基礎。此外，研究亦指出，若家長愈懂得靜觀，愈能有效管理自己的情緒，他們的孩子的自我調控和學習能力均較高！不管大家覺得靜觀如何，當中兩個概念對所有人皆是不錯的提醒：

1. 人如果能靜定下來，思慮會更周全，做的決定會較好；

2. 每天應該預留時間，滋養自己的身心。

除了靜觀，我們也可以透過其他方法和習慣愛護自己。希望我們都能一步步增強自己「療心」的能量，以安然度過生活中的種種難關。🖤

#靜是一種智慧

6.2 「原來我用錯方法讀書！」
學習技巧應該個別化

Evie 就讀中三，不久前被我評估為有 ADHD，之後一直接受我的個別訓練，今天的她悶悶不樂。

Evie 表示考試快到，不知該如何溫習，讓她十分苦惱。見她有燃眉之急，我建議調動訓練內容，用這一節加強她的學習技巧，提升溫習的效率。Evie 頓然雙眼發光，連忙說好。我挑選了三幅圖，向她解釋四個基礎概念。⭐

建內在動機 毋須拉牛上樹

教學童（及成人）任何技巧前，宜先引導他們理解自己**為甚麼要學該技巧，以及該技巧與他們的關係**，以確保他們有足夠的內在動機去掌握和實踐技巧。否則，無論我們多努力教，技巧多管用，他們都不會牢記或使用。

137

因此，我讓 Evie 看的第一幅圖是向上和向下的自動扶手電梯。↑↓

我指著圖問 Evie：「如果你想去上一層，你會揀用邊條電梯？」

她毫不猶豫地回答：「梗係向上嗰條啦！邊有人會揀向下嗰條咁傻，咁辛苦。」

我回應：「啱呀，讀書都係一樣。如果我哋用好有效嘅學習方法溫書，會事半功倍；用錯嘅方法，就會事倍功半。你想唔想我同你分享一啲有效嘅方法，等你可以係比較短嘅時間記到更多字詞同知識？」🧠

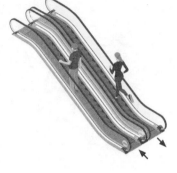

Evie 積極地點頭（其實從來沒有學生拒絕過我這個建議）。我分享了幾個例子，如用拼音協助英文串字、根據字型結構拆中文字，都是研究顯示較為有效的認默方法。死背字詞的話，不僅需時較長，記憶亦相對不牢固……

左右腦並用　增學習效率

Evie 專注地聽，看起來有所啟發，我便開始傳授其他溫習貼士。我打開第二幅圖：左腦和右腦。🧠

我考考 Evie：「你知唔知左腦同右腦側重邊啲方面嘅思考？」

她看著我搖頭。我便解說左腦較多負責語文理解及邏輯思維等，右腦則較多負責處理圖像和創意思維等。

我扮作 Evie 的同學：「如果我同你係能力差唔多嘅學生，大家付出同樣嘅努力溫習。但係我溫書嗰時淨係用文字，你就用文字、圖像、同

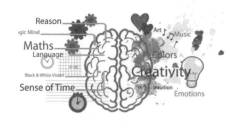

創意。你估邊個嘅記憶會好啲？」

縱使這條題目的答案明顯，我仍想 Evie 回答一次，讓她記住左右腦並用能加強學習效率。

Evie 與大部分學生一樣，平日側重左腦學習，我便分享一些能運用右腦的記憶法，包括故事、首字母縮略詞、視覺聯繫、口訣、繪畫腦圖（如「高階思維十三式」）等……

多感官學習

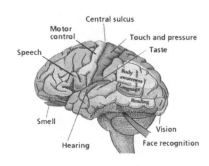

訓練時間剩下二十分鐘，我快速向 Evie 分享最後一幅圖：**大腦的感覺系統**。

我請 Evie 嘗試配對幾個大腦部位及其處理的感覺資訊，如視覺、聽覺和觸覺。雖然她大部分都猜錯，但過程中，她了解到不同的感覺器官連接大腦不同的位置。

我順勢問 Evie：「*咁我哋溫書最好淨係用一個感官，定係用多個感官呀？*」

她非常配合的說：「*梗係全部啦！用多啲個腦呀嘛。*」

我笑著考 Evie：「*係呀，**多感官學習**能夠將資訊傳到腦嘅唔同部位，加強整合同鞏固知識。不過，如果好趕時間，用唔到幾個感官溫書，咁應該用邊一兩個感官呢？*」

Evie 不肯定答案：「*呃……我平時慣咗就咁睇吓本教科書喇咋喎。*」

學習偏好 人人不同

我告訴 Evie，每個人都有不同的**感官傾向和學習偏好**，用相應的方法溫習會較有效和有趣。她很想知道自己的學習類型，我便讓她填一份 VARK 學習模式問卷。

結果（1 為最高的偏好）：

1. 動態型 Kinesthetic

2. 讀寫型 Read/Write

3. 視覺型 Visual

4. 聽覺型 Aural

我給 Evie 一張筆記，附這四個學習類型的溫習方法。她看了看，知道自己原來適合用動作和體驗去學習，便仰天長嘆：「*啊～～～原來我一直用錯方法讀書！*」😩

我安慰並鼓勵她：「*咁閱讀都算係你嘅第二強項。你依家開始研究讀書技巧都唔遲！總之記得溫書前，先按內容諗方法同策略。我相信你之後嘅努力付出會有更大嘅收穫！*」

Evie 拿著幾張筆記，恍如獲得一份秘笈。她笑著與我道別，好像對應付考試的信心大了一些。🖤

\# 溫書要用對的方法
\# 在學習上非常值得投資的技巧

燈泡

善用網上資源　檢視學習方法

上文提及的「**VARK 學習模式**」由紐西蘭教育學家 Neil Fleming 提出，當中的四個字母來自「Visual 視覺」、「Aural 聽覺」、「Read/Write 讀 / 寫」、「Kinesthetic 動覺」，代表四種常見的學習風格。

網絡上有非常多能增強學習及考試技巧的寶藏資訊，我極力推薦大家善用這些教材，省時又有效，例如：

→ 瀏覽一些具公信力的教育機構網站，亦可搜尋有關學習方法和偏好的問卷，整體檢視自己或孩子的學習方法；

→ 針對你覺得難以掌握的科目，參考專業或有經驗人士分享的資訊和影片；

→ 尋找相關練習或過往考試的題目及答案，促進複習的效能。

6.3 「我要幫阿女入精英班!」

設下不可能任務的父母

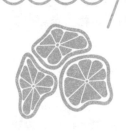

Betty 在三歲時被評估為言語發展遲緩及注意力較弱,因而接受早期教育及訓練中心的額外課堂。幸好發現得早,三年後 Betty 各方面的發展大致達同齡水平,這年更考入一間有名的小學!

Betty 的媽媽開學前很開心,開學兩星期後卻很困擾,於是找我諮詢。原來 Betty 媽媽的擔憂來自一個「精英班計劃」……😢

媽媽語速極快,緊張地說:「*我同 Betty 講佢間小學二年級開始有精英班。Betty 話佢有啲想入,咁我梗係盡力幫佢入精英班啦!*」

我心想,Betty 才剛跟上同齡的發展程度,怎麼學習目標一下子定得這麼高?😶

媽媽繼續分享她的大計:「*為咗令 Betty 今年可以考到全班頭五名,我已經買咗一系列嘅小一補充練習,但係 Betty 唔係好肯做,我唔知點算好!*」

原來這星期媽媽見學校沒甚麼功課，便叫 Betty 每天放學自己做幾頁補充練習。乖巧的她一開始並沒有抗拒。

直到 Betty 遇到一些比較難的練習，如英文看圖造句（通常小一下學期才教），Betty 不懂得怎樣做，媽媽便叫她先嘗試，不會的就留空，等媽媽下班教她。

另一邊廂，爸爸並不同意 Betty 留空題目，嚴厲的教訓她，叫她無論如何都要試做。這讓 Betty 愈來愈怕做練習，昨天看到練習更立刻大哭，不肯動手。☻

此外，媽媽苦惱的表示 Betty 不會自動自覺溫習，亦不懂得自己收拾書包……

需了解孩子的「基線能力」

我幻想著 Betty 在家的境況，愈聽愈擔心和不安。 這對爸媽沒有意識到他們為女兒設下了一些「不可能任務」。☹

他們在 Betty 還沒有適應新學校、未知道她的基線能力之前，便為女兒定下非常高的學習及自理目標，甚至超越了她年齡範圍。

而且在過程中，**爸媽並沒有引導或示範，便要求女兒自己試、自己學、自己做**。他們認為做不到是 Betty 的問題，於是擔憂或責備。

——好像叫一個人爬上梯子的頂端，渾然不理會梯子缺了幾個踏步，站在梯子下的人難免會無助和害怕，或者不敢嘗試。目

學習需扶持　避免不必要的挫敗

我語重心長地對 Betty 媽媽說：「*現時嘅學習目標同方法會令 Betty 承受好多不必要嘅挫敗，長遠會減低佢嘅學習動機同自信。如果想佢讀得好、讀得開心，爸爸媽媽真係要改變策略呀！*」

慶幸 Betty 媽媽抱著想改善的心來見我。當我提出想法和建議時，她全神貫注的傾聽。

除了教媽媽根據 Betty 的年齡和能力訂立適切的學習目標，我也請她多了解和採用「鷹架理論」（Scaffolding Theory，又稱支架式教學）：

· 在 Betty 學習的過程中，提供適當的教導和支持；

· 當學習任務愈難，支持便應該愈多；

· 若 Betty 有進步，父母便可以逐漸減少支持，直至 Betty 能自行完成任務。

希望這個「鷹架」或多或少能保護 Betty，也讓她未來的學習更正面吧！🩶

內在與外在動機？

· 外在動機的誘因不在於活動本身，而是它所帶來的結果，如獲得獎勵、父母或社會認可、避免懲罰等。

· 內在動機是指對活動本身有興趣，基於內心的需求而衍生的動力，因此行為具自主性。

當孩子年紀小，思維未成熟時，外在動機通常有效。長遠來說，若想孩子能「自動波」學習，就要努力培養他們的內在動機了。父母再也不用在學習上「拉牛上樹」，亦能避免相關的親子衝突。

要增強學生的內在動機，除了可以透過聊未來、定目標（第一章的內容），也可以透過另外幾個方向發展：

1. 他們的能力與學習內容的淺易度匹配；

2. 他們的喜好興趣與就讀的科目相符；

3. 他們的學習性向和偏好與溫習方法吻合。

這幾個情況均會助長學生的內在動機自然萌生呢！

6.4

「我太緊張，做唔到功課！」
功課是朋友還是敵人？

Pablo 有自閉和焦慮症的症狀，容易有固執及放大問題的思維，比較難適應轉變。升上小四已經快一個月，他還是很不習慣。父母說他這兩個星期每天放學都大發脾氣，脾氣非常暴躁。

最讓父母頭痛的是，之前回家後會自動自覺做功課的 Pablo，今學年開始抗拒做功課。每次在家叫他做與學習有關的任務，他便會崩潰痛哭，還尖叫亂跳。

父母擔心鄰居受不了噪音滋擾，便請我暫停社交技巧訓練，先處理他做功課的困難。

升班挑戰大　焦慮累積

我一般見學生的時候，不會直接討論他們的問題或需要改善的地方，而是先關心他們的近況，以免先入為主。我問 Pablo 最近過得怎樣。

Pablo 苦著臉說：「*我喺學校遇到好大困難，唔知點算……*」

我盡量溫柔地問：「*發生咩事呀？*」

他解釋：「*四年班學嘅嘢好難，我啲成績無三年級咁好。老師成日叫我哋努力啲讀書，又話我上堂唔夠專心，搞到我好緊張，同埋懷疑自己嘅能力，愈嚟愈無自信！*」

原來 Pablo 難以接受幾個科目的難度同時提升，以及自己的成績比三年級退步。他因為達不到老師的要求，得不到讚賞而非常沮喪，卻不想讓爸爸媽媽失望，便把焦慮藏在心裡，漸變得煩躁易怒。

我表達關心後問：「*咁最近嘅困難有無影響你喺屋企做功課嘅情況？*」

Pablo 激動地回應：「*梗係有啦！我依家成日同自己講要俾心機做功課，但係我一見到啲功課，個腦就係咁諗老師講嗰啲嘢，搞到我勁驚！我完全開始唔到啲功課……*」

——不少學生與 Pablo 一樣，覺得功課是壓力來源，有些更視它為「敵人」。其實為甚麼學校都要求學生做功課呢？

以正向心態看「做功課」

我最近主講了一個初小家長工作坊，題目是「與功課做朋友」。我首先與家長探討做功課的原因和益處，提醒自己為甚麼值得花心力和時間協助孩子完成功課：

一、及時鞏固記憶：透過溫習當天所學，促進知識從短期記憶，轉移
　　　　　　　　　至長期記憶（減少遺忘及縮短未來溫習的時間）；

二、提供學習輔助：通過由淺入深的功課練習（支架式教學），協助
　　　　　　　　　孩子掌握新知識和技巧；

三、改善學習技巧和習慣：給予機會了解孩子的學習需要和難處，教
　　　　　　　　　　　　導相應的解難和答題技巧，培養良好的習
　　　　　　　　　　　　慣，提升測考表現。

觀察孩子難處　針對性支援

下一步是提升子女做功課的效率！我為家長提供不少實例和策略，增
強孩子以下三個方面：

一、動機：如與孩子討論做功課的益處、連繫課堂所學和日常生活、
想像應用的場景、提供讓孩子自主和選擇的機會、運用遊戲或比賽形
式的活動、多讚賞和鼓勵、讓孩子承受自然後果（欠交被罰）等；

二、習慣：如教導孩子抄家課冊和收拾書包的步驟、建立常規和時間表、
設置適當的學習環境（舒適、遠離噪音和電子誘惑）、善用視覺提示
和工具（計時器、功課袋）等；

三、技巧：每個孩子做功課時遇到的困難都不同，家長宜細心觀察和
理解，耐心地提供針對性的提示及指導，協助孩子找出錯誤並解難，
慢慢學會獨自完成。以下是一些例子（困難➡針對性支援）：

・因小手肌較弱抗拒寫字➡執筆和小手肌訓練

・讀寫困難➡學習猜字義、中文拆字、英語拼音

・注意力不足➡建立圈重點字詞和檢查的習慣，避免不小心的錯漏

先處理情緒　再處理學業

像 Pablo 般被情緒困擾的孩子，則需要輔導和情緒管理上的協助，才
能有效率地做功課。不要忘記，情緒平穩是有效學習的基礎。

我問 Pablo：「*你做功課嘅時候，腦入面邊個諗法令你最擔心，或者覺得有壓力？*」

Pablo 思考片刻後回答：「*我做得唔夠好，我做唔到老師嘅要求……*」

我引導 Pablo 明白負面思維會引致負面情緒，亦會降低學習和專注的能力。我們可以嘗試把比較正面、有幫助的想法加進腦袋裡，以減少壓力，同時改善動力和表現。💡

我請他為自己想想：「*你覺得有啲咩諗法，可能會令自己舒服啲，幫到我哋做功課？*」Pablo 提出一些不錯的建議，我也為他多添幾個，包括：

· 「*我會慢慢嘗試，慢慢進步*」

· 「*我可以積累信心*」

· 「*我覺得四年級的課程難，老師的要求高是正常的*」

· 「*不要和三年級的表現比較*」

Pablo 的苦臉終於鬆了一點。我鼓勵他逐步透過新的想法緩和情緒，亦與他分享了讓他做功課又快又好的貼士。

最後，我們一起把 Pablo 的困難及解決方案，分享給他爸爸媽媽。父母聽過緣由後，對 Pablo 暴躁行為的怒氣全消，反過來加以安慰，對他多了一份體諒和關懷。

適量和適合的功課是我們學習上的朋友、有效鞏固知識的工具，建議家長協助孩子建立對功課正面積極的態度和技巧，從中得到最大益處。

家長宜輔助孩子好好利用功課促進學習
家長不宜幫孩子背上做功課的責任

第七章

父母是學習助力
還是障礙？

父母在孩子的學習發展上有著舉足輕重的角色，其中有三方面直接影響孩子在學校的表現和適應力：

1. **對孩子需要的了解。**有些家長對孩子的特性瞭如指掌，亦懂得因材施教，協助孩子發揮潛能；有些家長則如我在〈第一章〉的引子所説，壓根不知道孩子需要的支援是甚麼，又怎能有效支持他們？

2. **與孩子溝通的方式。**不少家長懂得因應孩子的年齡和狀態，調節與孩子溝通的方式，促進交流；同一時間，許多孩子告訴我他們明知父母關心他們，但他們並不喜歡，甚至不能接受父母的表達方式，以致親子關係欠佳。

3. **教養孩子的方法。**大家都可能聽過：研究發現，嚴格管教加上高度關心，是對孩子發展最好的教養方法。然而這如何實踐？除了關顧孩子，家長有沒有關顧自己？

我在〈導讀〉提及，孩子與父母最關注的事，很多時候都不同。若「思想決定行動」的話，我們一起透過這章節的個案，看看家長的角色和態度對孩子學習適應的影響力吧！

7.1 不止讀書一條路
奧運選手背後的父母

二零二一年的東京奧林匹克運動會看得我熱血沸騰,同時深深地為香港的運動員感到驕傲!當我閱讀過幾位獲獎運動員的報導後,覺得他們除了為香港贏得獎牌之外,亦給予我們一些有關心理學和育兒啟發:

每個孩子都適合走讀書這條路嗎?我們作為教育者和父母有沒有因材施教,引導及支持孩子走適合他們的路?

年幼時多方面嘗試

你知道游泳健將何詩蓓小時候其實怕水嗎?她的父母經常帶她去游泳,以慢慢讓她克服對水的恐懼。此外,何詩蓓的父母曾安排她嘗試不同的運動,包括欖球和網球。由於她最喜歡游泳,所以四歲起習泳,六歲起接受泳隊訓練。

金牌選手張家朗也不是一開始便決定投身劍擊的。曾是籃球運動員的父母自小栽培他學習籃球。可幸的是，他們也讓張家朗嘗試其他運動——他在一個小學暑假興趣班中接觸劍擊，一試便愛上。有見孩子在這方面的興趣和潛能，張家朗的父母給予支持，展開他成為世界第一的劍擊手之路。

就如我在第三章的個案中提及，父母宜協助孩子發掘，並發展他們獨有的資優特質。感謝這兩位運動員的父母給予年幼的孩子不同嘗試、不同機會，以及讓他們選擇興趣的自由！

非學術的潛能　非主流的道路

「如果仔女唔係讀書嘅材料，咁應該點算？」

「中四應唔應該繼續讀DSE課程？」

——作為教育心理學家的我，常被家長詢問以上的問題。

張家朗在賽後表示最想感謝父母，其中一個重要的原因是他們支持他的意願：中四休學，轉為全職運動員。他說他明白這是一個對家長來說非常不容易的決定，所以特別感激父母的信任。🖤🖤

喜見最近大眾重新關注蘇樺偉——在殘疾人奧運中獲得六金佳績的跑步奇才。他自小因黃疸病令他患有弱聽及痙攣，是一名SEN學生。蘇媽媽發現孩子雖然走路比別人慢，卻跑得比別人快，於是鼓勵和陪伴他參加田徑訓練，終於培育了香港的「超級神奇小子」。他和母親的故事更被搬上大銀幕呢！

情緒安定　培養抗逆力

你有沒有聽過「心態決定狀態，狀態決定境界」這句話？香港代表不約而同地在賽後訪問中提及心態的重要性：

張家朗寄語香港人：「大家要堅持，唔好放棄！」🔥

港隊法籍「鬍鬚教練」Grégory Koenig除了教張家朗劍擊，亦和他一起練習靜觀。

美國密芝根大學泳隊教練Rick Bishop大讚何詩蓓擁有「舉世無雙的專業態度，非常、非常努力，和充滿睿智」。⭐

何詩蓓賽後表示：「我知道如果我緊張，比賽發揮就會唔好，所以盡量都以平常心面對，愈冷靜愈好！一直都覺得比賽時80%與心態有關，其餘20%才是體能、訓練，所以心態一定會影響到表現。」🖤

在訓練和比賽過程中，正面的心態和有效的情緒調控均為成功的關鍵。「堅持、不放棄、自律、抗壓力」等重點詞頻頻出現在運動員訪問中。

我們有沒有重視，並以身作則去提升自己和孩子的心理素質？

希望我們和孩子都可以受奧運精神及參賽者的啟發——堅定地發展自己的所愛所長，同時培養正面的心理狀態。🥰

衷心敬佩和感謝所有代表香港出賽的運動員的付出！希望他們在未來的賽事能發揮水準，取得理想的成績！🖤🔥💪

「原來我有自閉症」

透過兒子了解自己的爸爸

Victor的爸媽走近我的會議桌，然後選擇隔著一個位子坐。我很久沒有在面見家長的時候，感到房間裡的氣氛是這般僵，不難看出這對夫婦之間心存芥蒂……

他們表示讀小學的Victor有顯著的社交及情緒困難。他未能理解別人的意圖和感受，因此與同學相處時容易出現誤會及磨擦。此外，Victor被師長形容為「自我」和「固執」。當別人不順他意時會大發雷霆、扔東西、甚至企圖襲擊身邊的人。

我為Victor評估後，邀請他的父母來聽結果——那股僵硬氣氛再次盈滿了房間。

當我告訴父母評估結果顯示Victor有自閉症的時候，媽媽一臉平靜，爸爸則面有難色。其後在討論家中情況及家校支援策略時，我感覺Victor

的父母欲言又止，好像「講一半，又唔講一半」。於是，我建議在最後時段分開面見父母，讓他們單獨和我傾談。

爸爸媽媽各自的苦

不出所料，在單獨會面中，Victor 父母的狀態截然不同。

媽媽滔滔不絕地抱怨丈夫的不體貼和無能。她說 Victor 爸爸只顧工作，不理會她的感受，也沒有盡作為爸爸關心兒子的責任。媽媽除了照顧 Victor 的起居飲食、學習、情緒、行為、還要面對老師和其他家長的投訴。照顧 Victor 的重擔一直沉沉的壓在身上，媽媽覺得自己的身體和精神狀態都在崩潰的邊緣……

爸爸進來後，說不夠兩句便流下眼淚，他說他剛才忍得很辛苦。自兒子出生，他勤力工作，養妻活兒，可是妻子卻一直說他的不是，最近更提出要和他離婚！他不明白自己做錯了甚麼，讓妻子這麼痛苦。

Victor 爸爸告訴我：「*我太太由幾年前開始閱讀有關自閉症嘅書，然後話我同 Victor 都係患者。我唔係一個會匿埋一邊『自閉』嘅人😶，所以覺得佢亂講。直到你頭先解釋自閉症嘅症狀，我先發現我應該真係有！*」

成年後自我診斷 SEN

原來，Victor 爸爸小時候在社交上很主動，但常常碰壁。他不知道為甚麼自己會被朋輩拒絕和排擠。現在回想起來，才發現當時的自己比較霸道，不懂設身處地，調節自己的說話和行為。長大後，**縱使他學會在工作實務上與人合作，換位思考及與人共情仍是他的弱項。**

Victor爸爸非常努力地用他認為對的方式照顧妻子和孩子，卻未能領悟他們希望在他的身上得到的關愛。

我鼓勵Victor爸爸：「*我哋成長嘅年代對自閉症同SEN嘅認識同關注不足，所以唔少患者都成為漏網之魚。我認識一啲患者喺成年了解更多之後，先自我診斷出SEN。*

「*你依家知道自己嘅情況和弱項，下一步就係思考點樣可以為自己同愛嘅人作出改變。係避免未來嘅傷痛嘅同時，令大家嘅生活都更美滿！*」

#成為大人或父母後仍可繼續進步
#在人生任何時候都能作出改變以改善生活

「爸爸想做你最好嘅朋友」
抗拒視像通話的兒子?

就讀高小的Kyle是一名獨生子,性格內向,有社交溝通障礙,平日不怎麼說話。經多次訓練後,我終於與他建立關係,他與我分享的話也愈來愈多。

有一次我們聊起父母——Kyle立刻表示:「*爸爸係我嘅偶像!*」,更想上網找爸爸的資料讓我看。Kyle說他喜歡與爸爸相處,可是當時新冠疫情使爸爸長期留在外地工作,幾個月才能回港一次。🌏

由於Kyle是一個長期訓練的個案,我會定期邀請父母面談作檢討。縱使Kyle的爸爸工作十分忙碌,在外國又有時差,他仍每次準時透過網上視像通話出席。

爸爸讚賞優點 兒子卻沒反應

這次會面中，Kyle和媽媽坐在我附近，爸爸則在電腦熒幕中。我們討論了Kyle的近況、進步，以及之後訓練的方向。

Kyle爸媽在過程中不時鼓勵和讚賞Kyle的努力。說實話，很少父母會在我面前這般主動表達，其中Kyle爸爸的一番話更是讓我印象深刻……💜💙

他誠懇的對Kyle說：「*我一直都欣賞Kyle沉穩內斂，富觀察力嘅個人特質。聽到佢肯嘗試用新嘅方法同人社交同溝通，我真係為你開心同驕傲。雖然爸爸少返香港，**但係我真係好想可以同Kyle你多啲溝通，成為你最好嘅朋友、導師，同資源！**」*

當時我除了覺得感動，也很感恩Kyle有這般正面和開明的家長。然而，當我帶著笑意，轉頭看Kyle時，他卻一言不發，木無表情。😶

爸爸接著禮貌地問我：「*心小姐，我有一個小小嘅請求……我一有時間就會用視像通話同Kyle傾計，但係佢好似有啲抗拒，成日唔出聲，好快就收線。我明白Kyle可能有佢鍾意嘅溝通方法，我好樂意配合，可以係電話、e-mail、甚至書信。請問你可唔可以幫我了解吓Kyle嘅偏好？*」🙏

我又轉頭問Kyle的意願，他仍是沒有表情，但有輕輕地點頭。我便答應爸爸。

下次面見時，我問Kyle對與爸爸視像通話的看法。

Kyle吞吞吐吐的說：「*我都想同阿爸傾計……但係每次視像都係阿媽突然將個電話遞俾我……嗰吓我唔知講乜，氣氛好尷尬，所以淨係傾到*

幾分鐘⋯⋯」 😣

——對社交溝通能力稍遜的孩子來說,要進行突如其來或較長的對話確實有難度,有時更會引起焦慮。如果能建議流程和題目,讓他們有時間預先思考、組織或練習,一般有助他們表達自己。⭐

先了解偏好 再訂溝通計劃

因此,我一題一題,慢慢的問 Kyle 他希望與爸爸溝通的方式,最終的發現如下:

日期:定期約每十天聊一次

時間:晚上八時(晚飯後比較空閒)

內容:Kyle 分享學校情況約二十分鐘,爸爸分享他的生活和工作情況約十分鐘

(原來 Kyle 有很多話想跟爸爸說,同時也想了解爸爸更多⋯⋯😊)

我一邊引導 Kyle 講,一邊把點子寫在紙上。在他的同意下,我們臨走前與媽媽分享計劃,並請她把紙上的內容轉達給爸爸。

媽媽笑逐顏開,連聲表達感謝:*「呢張紙真係好重要,我要即刻同爸爸分享,佢知道之後一定會好開心。」* 😊

感恩有機會為 Kyle 和他爸爸做一道溝通的橋樑,連接這對互相關愛的父子的心。

溝通方式合宜才有助增進感情

「我個女乜都唔同我講！」
有苦衷所以壓抑的女孩

Becky 的爸爸是律師，媽媽則是老師。Becky 自小有學習及社交困難，來到高小，更萌生尋死的念頭。

媽媽聲淚俱下地說她非常擔心 Becky 的情緒。可是，Becky 所有事情、所有感受都不肯告訴父母。她在家「十問九唔應」，在街上甚至不肯走在父母旁邊，堅持要走在他們的前後⋯⋯💔

在單獨輔導時，Becky 的表現卻不像父母的描述。我不需多作鼓勵，她已願意分享她的喜好和困難。我嘗試探聽 Becky 的角度，問她是否甚少與父母溝通。

Becky 帶點傷感地說：「*係呀，我唔會同爸爸媽媽講我啲問題。因為講完次次都仲衰、仲唔開心！我寧願匿埋自己喊。*」😣

孩子表達感受　四類負面回應

原來Becky曾向父母傾訴心事和負面情緒，惟父母往往用以下四種方式回應。日復日的經歷使她漸漸封閉自己：

一、**否定**：Becky自知注意及組織力較弱，應付功課和測考時很吃力，於是向父母求助。爸媽則說不可能，她只是不夠努力，叫她不要找藉口！

二、**質疑**：Becky一感到壓力便會肚痛，她告訴過父母好多次，他們都沒正視。最近父母還質疑Becky說謊，讓她非常生氣和傷心。😢

三、**把問題放大**：有一次Becky努力溫習後，英文測驗不及格，本來已經十分失望。感性的媽媽發現後，比她更難過，哭了一整晚，說不知道Becky的未來該怎麼辦。

四、**只分析和責備**：同學曾欺負Becky，理性的爸爸聽到之後馬上連珠炮般分析狀況，然後提出Becky下次需要改善的地方，甚至責罵她當刻的處理方法。😠

聽過Becky的心聲後，我明白為甚麼她寧願壓抑自己的負面情緒，也不再與父母分享。我問Becky：「*爸爸媽媽好關心你，但係佢哋關心嘅方法幫唔到你？*」

她瞪大眼睛看著我，然後用力地點了點頭。😊

我接著問：「*其實你唔開心嘅時候，爸媽點做會令你開心或舒服啲？*」

Becky：「*我只係想佢哋聽，之後攬吓我。我同佢哋講過㗎啦，佢哋都係做返自己嘅一套……*」😔

對方希望怎麼被關心

雖然Becky的父母疼愛女兒，但是因為溝通的方式和態度不善，不但令Becky更難受、得不到需要的支援、還讓親子關係愈來愈疏離。

總結時，我請Becky的爸媽靜下心來聆聽我轉述Becky的心聲。爸爸全程用手機把重點記錄下來，說他不會再讓自己和媽媽忘記！

真的，我們常常想關心和支持身邊的人，卻忘了想/問他們希望怎樣被關心和支持。有時候我們用了本能或自以為對的方法回應，可能會弄巧反拙。

下次不妨問一問：「我做啲咩會令你開心/舒服啲？」🖤🖤

\# 關心要用對的方式
\# 關心也可以造成反效果

1.5

「不幸的人用一生治癒童年？」
虎爸媽不太遲的覺醒

Marcus 是一名小六學生，成績在班上屬中下。班主任表示他在視藝和設計科表現出非凡的創造力，但整體注意力較弱，也抗拒做需要寫作的作業。在社交上，Marcus 表現抽離，情緒管理亦稍遜。

他在學校有時會對師長作出對抗性行為，而當被人誤會或訓斥時，他常委屈地哭泣。Marcus 曾向社工訴苦，說他與父母的關係緊張，時有爭執。

班主任剛好是學校的學生支援小組成員，見 Marcus 的狀況持續了一個月，有社工支援他也沒有很大的進展，便建議家長徵詢兒童精神科醫生的意見。醫生初步評估後，請我協助為他做詳細的智力、注意力及讀寫能力評估，然後再作定論。

引導孩子 說出他想要的支援

Marcus在評估期間，說得上是合作聽話。雖然有些內容對他來頗為困難或沉悶，他仍硬著頭皮，用了四小時完成測試，毫無怨言。

不過，我難以透過傾談了解Marcus的內心。當我問及他的喜好、與父母的關係、學習、社交、情緒各方面時，他頻頻用消沉的語氣回覆「IDK」（「我不知道」的英文縮寫）。💬💬😶

評估後，我表明希望幫助Marcus得到他需要的支援，然後問他想要甚麼。他沉思了一會，終於肯開口：「*我想要社交訓練同中英文補習。*」

我答應會嘗試為他爭取。

評估結果顯示，Marcus是一名「**三重特殊資優生**」！

他有特優的智能，卻同時確診讀寫障礙和注意力不足症。此外，他有一些情緒問題的徵兆，包括暴躁、失眠、社交抽離等😥。

Marcus父母驚訝不已，甚至有些質疑結果。我建議他們讓我為Marcus提供一點社交和讀寫訓練，以及心理輔導，因為我覺得他好像壓抑著不少負面情緒……他們說要先回家想想。

承認管教出錯 決意改變

幾個星期後，我看到Marcus的預約。當天出乎意料，來的只有父母，並沒有Marcus。

爸爸左手提著筆記本，右手拿著筆，誠懇地說：「*評估之後，我同太太上網睇咗啲SEN同家長教育嘅影片。我哋覺得需要學習點做好啲嘅父*

母，所以想問你以後應該點樣支援 Marcus。」

媽媽的表情像是愧疚與尷尬交纏，她低頭說：「係呀，我哋發現以前唔了解 Marcus，對佢太嚴厲。我哋都係虎爸媽，管教上真係有好多不足。最近聽到有人話——『幸運的人用童年治癒一生，不幸的人用一生治癒童年。』我希望我哋唔會太遲改變……」😔

我看得出他倆真的反思過，想盡力補救。

Marcus 父母的覺悟遲不遲？有點遲。

會不會太遲？老套說句，沒有太遲，遲到真的好過沒到。

這種迷途知返、父母均坦誠承認自己過去管教問題的表現，並不容易和常見——我決意支持他們蛻變。🤢

在往後的一小時中，我：

· 解答父母對 Marcus 確診的疑問；

· 分析現在支援策略的緩急輕重；

· 商討如何與學校合力協助 Marcus 改善他的弱項，同時發展他的潛能；

· 引導父母思考管教上需要的改變；

父母亦同意讓我往後為 Marcus 提供訓練和輔導。

臨走前，我給他們最後一個建議：「考慮吓同 Marcus 分享你哋嘅心路歷程，等佢知道你哋開始明白佢嘅需要，為佢改變緊。」🖤🩶🙂

\# 父母也可以認錯 \# 改過不太遲

「我食多幾粒藥就無事！」
請爸媽好好照顧自己

Roy 是一個有讀寫障礙和 ADHD 的高小學生。單親媽媽每天盡心照顧 Roy，亦很遷就他，生活一直以他為中心。Roy 喜歡吃義大利餐，就算媽媽已經吃膩了，她仍盡可能陪他吃。

他倆的關係不錯，惟 Roy 的情緒管理和表達欠佳。他發脾氣時常常摔爛東西、推倒家具、甚至出手抓或打媽媽。

媽媽複製孩子的負面情緒

媽媽向我訴苦，說為了照顧 Roy 沒時間參與喜歡的活動，亦不夠休息。她留意到自己的身體及情緒愈來愈差。

當 Roy 有負面情緒，媽媽也跟著有負面情緒——這往往讓情況更糟糕。

媽媽突然打開她的手袋，從裡面掏出幾包精神科藥物✏，扔在沙發上，說：「*依家Roy一發脾氣，我就即刻食多幾粒藥，瞓十幾個鐘之後就無事！唉……你都係唔好理我啦，我OK嘅，你留返啲時間見阿仔啦！*」

在這一刻，媽媽還是把Roy放在更重要的位置，忽視自己身心的求救信號。👁🩹

我知道我需要提升Roy和媽媽的情緒管理及抗逆力，才能讓他倆走出困局。

如何提升親子抗逆力？

在一個「提升子女抗逆力」的講座中，我向有SEN的學生家長介紹由美國心理協會（American Psychological Association，APA）提出的「十個抗逆力強的要素」。

我請家長們選一個送給孩子，一個送給自己：

1. 建立良好的支持系統；

2. 避免把危機視為不可克服的困難；

3. 接受轉變是人生的一部分；

4. 培養一個正面的自己看法；

5. 適當和長遠地去看事物；

6. 對將來有盼望；

7. 不停向你的目標前進；

8. 作出決定性的行動；

9. 找尋自我探索／發展的機會；

10. 好好照顧自己。

你猜他們選了哪些？你又會送哪個給自己或子女？

我走進每一組聽聽家長們的想法，發現他們想給孩子的要素都不同，但給自己的要素卻出奇的一致——絕大部分家長都選了「好好照顧自己」！

抗逆力在現今世代真的很重要——對孩子和家長均是！希望我們都記得要照顧自己及提升抗逆力，才有能力關愛我們珍重的人，為他們帶來正能量。

除了陪別人或子女做他們喜歡的事，也留一些時間和心思給自己吧！🖤🥹

空杯子是倒不出水的
先照顧好自己最重要
好好關愛自己

給孩子最後一股向前的動力

我常常對家長和學生的支援人員說，

孩子在學校學習就像一個人學駕車。我們作為師長的角色猶如駕車師傅，一開始要陪著孩子，教導他們需要的技巧，然後適時退出。目標是讓他們有能力和信心，自己駕車到他們想去的目的地，而不是一輩子為他們駕車。

這個比喻聽起來好像很簡單，箇中其實有好幾個重點。

目的地及動機

關於讀書的目的，首先值得探討的問題包括：

· 為甚麼要學駕車？為了在未來可以自由去不同的目的地？

· 孩子最想去的目的地是怎樣的呢？我們可否先帶他看看不同的地方，研究世界地圖，開闊他的思維和眼界？

· 目的地應該由我們決定，還是由他們決定呢？

了解自己 選擇路徑

在啟程到目的地前，重要的一步是了解自己的特點、強弱項，以及車的特性，以找出適合哪種旅程或賽道（**根據自身特性找適合的學習環境**）。

若我們知道自己的駕駛技術還比較青澀，可能選擇平穩但要走遠一點的道路。在多加練習，得到技術和信心以後，再去挑戰彎曲凹凸的捷徑。學習亦一樣，要因材施教、難度適切，學習效能才會高。

根據需要　裝備自己

作為駕車師傅，我們要把握機會，在指導的過程中觀察學生稍遜的方面，才能針對性加以教導。例如他不懂得看路標或交通燈，我們便多點提醒、陪他們複習、運用不同的方法或口訣協助他們記憶（**提升技巧，安排支援和調適**）。

若學生有先天的困難，影響他們的表現，我們可教他們解難，提升他們的能力，或給予輔助的工具，協助他們往後獨立。

學生視力欠佳，便要佩戴眼鏡，好比有讀寫障礙的孩子需要測考調適；學生認路能力弱，便為車輛安裝導航，猶如有自閉症的孩子一般需要額外社交訓練；學生掌控方向和距離的能力有待提升，便為車輛安裝防撞器預防意外，好像我們為稍有學習困難的孩子作預防性支援，增強他們的抗逆力。

給予鼓勵　適時放手

「教車師傅教得好，又溫柔，又有耐性！」「學車被師傅鬧到無心機！」……相信無人會質疑教學過程中，來自師長的鼓勵和關心有多

重要。不僅能提升孩子的表現和信心，還能加強他們的學習動機，以及對未來的盼望。

當學生的能力和自信慢慢增長，導師們便是時候漸漸放手，減少學生對我們的依賴（**支持孩子逐步獨立學習**）——這也是我們信任他們的最好證明，給他們最後一股向前的動力！不論是在他們身旁的陪伴，還是電話裡的支援，我們都在為他們加油，直到他們能獨自往前，我們便能自豪、放心地功成身退。

這個比喻貫穿我們此書的所有章節——與學生討論未來、了解孩子的需要、針對性的訓練和支援，以及家長或支援人員重要的角色。《校園療心室》第一冊主要圍繞學習和學校適應，下次我們聊聊社交和情緒吧！

再一次感謝你肯閱讀這本書，了解學童的內心世界。祝安好！

Mindset 1

校園療心室

劃出未來・點燃學習

作者	心小姐
內容總監	曾玉英
責任編輯	何敏慧
書籍設計	Joyce Leung
相片提供	iStock

出版　　　天窗出版社有限公司 Enrich Publishing Ltd.
發行　　　天窗出版社有限公司 Enrich Publishing Ltd.
　　　　　九龍觀塘鴻圖道 78 號 17 樓 A 室

電話　　　(852) 2793 5678
傳真　　　(852) 2793 5030
網址　　　www.enrichculture.com
電郵　　　info@enrichculture.com
出版日期　2023 年 10 月初版

定價　　　港幣 $138　新台幣 $690
國際書號　978-988-8853-05-2
圖書分類　（1）心理學　（2）情緒健康

支持環保　此書紙張經無氯漂白及以北歐再生林木纖維製造，並採用環保油墨印刷。